U0468661

刻意练习成为讲话高手

——职场人的说话之道

王鹏　编著

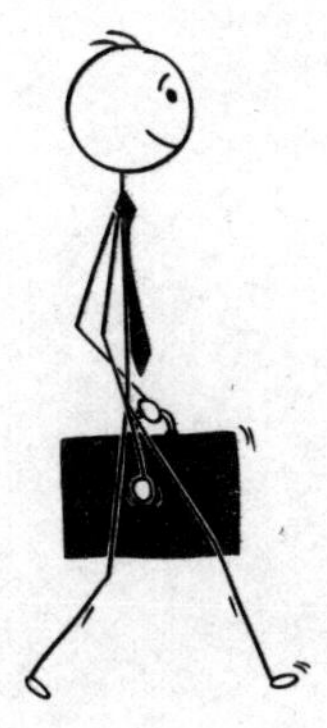

中华工商联合出版社

序 言 | 职场人说话能力的重要性

“说话”是每个职场人都具备的基本能力，但“会说话”却不是每个人都擅长的技能。尤其是对于职场新人来说，如果想要在公司中取得良好的发展，除了具备过硬的专业能力外，“会说话、善沟通”也是一个至关重要的因素。

这里的“会说话”并不是对领导的阿谀奉承，也不是对自己的自吹自擂，而是指能够在合适的场合说出适当的话，既能代表你的职务身份，又能体现出你的个人素养。不同于一般生活场景，职场中的许多岗位不仅需要面对领导和同事，还要面对很多合作伙伴和客户。你的一言一行，不仅是自身工作能力和态度的体现，还关乎整个企业的形象。因此，“会说话”是每一个职场人员的必修课程。

“会说话”决定了你的沟通能力。在会议发言、工作汇报以及商务谈判等正式场合中，需要具备一定的说话能力。如果轮到你发言，要么只能点头说“是”，无法表达自己的观点；要么啰里啰唆地讲了一大堆，让别人听得一头雾水，抓不住重点，尽管说了很多，但该讲的内容却没有表达清楚。这样的人即使业务能力再强，其形象也会在领导心中大打折扣。

在日常闲聊中，“会说话”同样是加分项。有的人和同事、领导聊天时，说话不过脑子，总是想到什么说什么。尽管出发点往往是好的，但“说者无心，听者有意”，不知不觉中就把人得罪了。很多职场人员已经意识到“会说话”的重要性，但却不知道该如何锻炼这项能力。

本书将从“学话篇”和“实战篇”两个部分，帮助职场人员熟悉讲话的规律，拆解各种场合下讲话的思路，从而提高说话能力。

“学话篇”将分析低效沟通和表达的根本原因，从心理认知入手，解决紧张和不敢说的问题。随后，剖析各个讲话高手的说话技巧，带你快速掌握说话之道。

在“实战篇”中，我们将针对竞聘演说、述职报告、会场发言、餐桌礼仪、人际交往等职场人常见的五个工作场景进行拆解分析，总结常见场合的说话规律，并在此基础上制订可行性的“会说话”方案，通过学习和练习这些方案，助你成为讲话高手。

练习说话是一个长期的学习过程，需要不断地学习积累，不断地练习模仿，才能不断进步。正是在日积月累的努力中，我们的说话能力才能得到质的飞跃。不要犹豫，从现在开始行动吧，你的努力终将成就更出色的自己！

目 录

第三章 | 漂亮的开场白，直抵对方心底

第四章 | 让对方心甘情愿地听你讲完

第五章 | 面对提问，巧妙回答

下篇 实战篇——刻意练习成为讲话高手

第一章 | 如何应对竞聘演说

第二章 | 述职报告怎么说才好

第三章 | 如何在会议上发言

上篇 | 学话篇——剖析讲话高手的说话技巧

本篇从沟通的根本原则入手，分析说话紧张的原因有哪些，以及如何控制紧张心理。同时在日常交流过程中，我们应注意把握分寸，形成适合自身的沟通方式，为特定场合讲话打下坚实的基础。

第一章

直面紧张，学会控制紧张情绪

多少人因为害怕当众讲话而错失良机？为什么总有人出现紧张情绪？本章带你了解紧张，看它是如何影响你的，让你正确认识紧张、逐渐克服紧张。

001｜紧张是天性，每个人都会有

身处在职场中的你是不是也曾有过下面这样的经历。

在全体员工会议上，台上领导突然点到你，让你讲一讲自己的想法，而你恍恍惚惚地站起来，大脑却一片空白，口干舌燥，一句话说不上来，只能说一句："我没啥意见，全听领导的。"

竞聘演讲时，你在家做了充分的准备，光是发言的开头就练习了无数次，可上了台只会说一句："大家好，我叫×××，我来应聘××岗位，我的资料都写在幻灯片里面了，大家可以看一下。"

部门聚会时，你端着酒杯一直想跟经理碰一下，可从头吃到尾也没有想出一句合适的开场白。直到聚餐快结束了，才憋出一句："经理，我想说的话都在酒里了，我干了，您随意。"

……

当我们从大学校园中走出来，成为一名独当一面的职场人员，就意味着在能力方面并没有明显的劣势，日常工作大多能够游刃有余地完成，甚至还能超额完成。但在

“说话沟通”方面有些人总是觉得“差点什么”。或许，这些人已经意识到了自己的问题，但却找不到其症结在哪里。平时，这些人在和同事、家人、朋友聊天时能够侃侃而谈，天南地北，博古通今，似乎没有他不知道的；可一旦到了正式场合，却吞吞吐吐，半天说不出来一句完整的话。

为什么在正式场合说话时，你总把自己搞得紧张兮兮的，好像随时都有什么事情发生一样。这就是典型的紧张心理的表现。摆在大部分职场人面前的一个最大的问题就是：为什么在重要场合一说话就紧张？

人生来就有紧张基因

紧张并不是某些人的专属，每个人都会紧张，这是天生的，早在几百万年之前就写入了我们的基因。

当你站在台上还未说话，你的双手就开始发抖，手心大量出汗，胸口发闷，心跳加速，想要开口讲话，却发现口干舌燥，嗓子发紧，好像有什么东西堵在里面，而大脑此时也是一片空白……好不容易平复了心情，大脑中开始拼凑内容，颤颤巍巍地开口，却发现连声音都是颤抖的。

你以为你是第一次当众发言，或者是上台次数少才会紧张，但事实上是你体内的紧张基因在发挥作用。

从生理学上说，紧张是人内心对未知事物的恐惧，为确保身体对外来刺激保持足够的警觉，当遇到危险时，紧张能够在精神及肉体两方面提高人体对外界事物的反应速度。这一机能由情绪中心——杏仁核控制，是大脑边缘系统的一部分，在人类直立行走之前便已经存在了，让人类无数次从野兽的口中存活下来。而控制我们语言的是大脑前额叶，属于新皮层系统，在大约 250 万年前才进化而来，而前者已经存在了上亿年。

像这种情况，在几十万年以前就曾出现过：当智人刚刚学会直立行走，对于充满危险和挑战的外界环境还处于懵懂状态，在寻找食物之际，突然遇到了一只狮子。强烈的危机感使他停下手中的动作，注视着前方的狮子，然后寻找解决途径……

虽然这两个场景在如今看来相差甚远，但事实上，从我们身体上的压力反应系统来说，并无二致。当我们身处于强烈刺激的环境下，大脑压力反应系统感知到即将面临强烈的压力时开始快速运转。此前一直处于平静状态的杏仁核（大脑中的情绪控制中枢）首先开始活跃，它先是控制住前额叶（大脑中的理性控制中枢），掌握主动权，防止大脑向身体发送“理性却错误”的指令，让你的大脑一片空白；接着它快速分泌一种被称为“促肾上腺皮质激素释放因子”的激素，加速肾上腺素的分泌，提高身体的兴奋度，让身体会不由自主地颤动；同时向身体各个系统发送指令，共同对抗这次事件。为保障身体各处的能量供应，血液循环加速，我们会感觉到心脏跳动加快，甚至出现心悸；肌肉系统开始大量充能，随时准备应对这次危机，你会感觉到肌肉紧绷；此前以脂肪形式储存的能量会加速分解，提供足够的能量，我们会感觉到浑身发热，手心出汗；而消化系统并不是直接作用系统，所以能效会被降至最低，停止消化食物，停止分泌消化液，我们会感觉到口干舌燥，甚至出现胃部不适。

这就是我们遇到紧张时的反应，和几十万年前的智人一样，只不过后者面临的是生存危机，这种紧张表现更强烈，因为表现弱的已经被自然界淘汰了。

如此看来，紧张也并不是一无是处，而是从原始时代就一路演化过来的，但想要从根本上解决紧张的问题也是不可能的。马克·吐温曾经说过，世界上只有两种人，一种是紧张的人，一种是假装镇静、假装不紧张的人。

正确认识紧张

所以，当你出现讲话紧张并不是因为你的内向性格，或者是能力不行导致的，也不是所谓的“讲话焦虑症”或者“社交障碍症”，这是人类面对特殊情况时的一种本能反应。当你面对众人讲话时，那么多人的目光都聚焦在你的身上，身体会不自觉开启防御模式，启动压力反应系统，让你出现大脑空白、肌肉紧绷、手心出汗、心跳加快等状况。这种正常的生理现象，是不需要大脑思考的本能反应。千万不要因为这种正常的生理现象而否定自己，认为自己不行，轻易给自己贴上负面标签，然后给自己设限，彻底扼杀自己在讲话方面的可能。

从本能来说，当动物直面危险，出现强烈的紧张情绪时，会出现三种状态。一种是逃走，就像是羚羊遇到了狮子，本能驱使着它快速逃离。另一种是呆住不动，就像是老鼠遇见了猫，我们见过很多类似场景：老鼠遇见猫之后马上就呆住了，失去了逃跑的本能。还有一种就是正面对抗，长满尖刺的豪猪在遇见狮子时，会将身上的刺都立起来，做出防御的姿态，让狮子望而却步。

而面对紧张，我们往往也会表现出这三种状态。有些人一次次逃避之后，就再也无法正视自己的紧张，从而彻底失去对抗紧张的能力。只有在一次次的紧张情绪中不断提升自己，才能一点点克服紧张的情绪，从而做到游刃有余，立于不败之地。

不要因为一次两次的紧张，就轻易给自己下定义，认为自己能力不行，或者性格内向，甚至认为自己有“讲话焦虑症”“社交障碍症”，这是非常愚蠢的行为。

既然我们无法克服紧张，那么就应当学会控制它。正所谓存在即合理，既然紧张是身体的本能反应，已经存在了几百万年，那就一定有其存在的合理性。适度的紧张可以刺激我们的大脑产生兴奋，使精神高度集中，能够提高我们的临场反应速度，更好地发挥出我们的全部潜能。更重要的是，如果我们表现出一定的紧张情绪，会给听众一种暗示：我很重视这次讲话，很重视听众。那么即使我们在讲话过程中有一些小瑕疵，他们也会包容理解。

但过度的紧张会导致我们的思维逻辑紊乱，无法正常将自己想要讲的内容表达出来，从而导致这场讲话的失败。因此，我们要做的就是控制紧张情绪，将过度紧张调整为适度紧张，从而帮我们发挥出更好的状态。

002｜名人如何调整紧张情绪

如果抛开紧张不谈，绝大多数的人都幻想过这样一个场景：身处于高台之上，面对着数以万计的粉丝或听众，每说一句话都会迎来海啸般的掌声和欢呼，然后你振臂一挥，所有人都跟随着你的脚步前进……有一些人或许已经在向着这个理想努力。但事实上，即使真有这个机会，能够站在这样的舞台上，依然有大部分人无法抑制自己的胆怯，紧张得不能自已。

曾经有心理学家做过这样的统计，在全世界范围内，挑选不同行业、不同年龄段的人来询问：无论是当初做过，还是从未做过的事情，什么是最让他们恐惧的？而结果更是超出所有人的预料，大多数人都认为当众讲话是最令人恐惧的，这的确让人意想不到。事实上，无论是普通人，还是在演讲台上振臂高呼、众望 所归的演讲名家，都曾因讲话而心生恐惧。

被誉为有史以来最伟大的英国人的丘吉尔，也是一位有名的演说家，美国杂志《人物》更是将丘吉尔评为“近百年来世界上最有说服力的八大演说家之一”。他的演讲慷慨激昂，非常具有号召力。在第二次世界大战时期，他利用广播发表了最鼓舞人心的一段讲话：“我们将战斗到底。我们将在法国作战，我们将在海洋中作战，我们将以越来越大的信心和越来越强的力量在空中作战，我们将不惜一切代价保卫本土，我们将在海滩作战，我们将在敌人的登陆点作战，我们将在田野和街头作战，我们将在山区作战。我们绝不投降，即使我们这个岛屿或这个岛屿的大部分被征服并陷于饥饿之中——我从来不相信会发生这种情况——我们在海外的帝国臣民，在英国舰队的武装和保护下也会继续战斗，直到新世界在上帝认为适当的时候，拿出它所有一切的力量来拯救和解放这个旧世界……”

有人说，这一番振奋人心的讲话直接改变了英国战场的形势，为后面第二次世界大战的胜利奠定了基础。而英国能成为战后三巨头之一，这段演讲同样功不可没。

但丘吉尔在一次采访中说过："人生有三件难事，第一件是爬向一堵向你倾倒的墙；第二件是吻一个决心要离开你的姑娘；第三件就是当众讲话，就算我多年当众讲话，也依然会紧张不已。"有一次，丘吉尔在演讲之前将演讲稿完完整整地背下来，上台时自信满满，说到一半，却突然忘词了，后面的内容怎么也想不起来了；更致命的是，由于过于自信他并没有带演讲稿，越努力回想，大脑越是一片空白，急得他抓耳挠腮，只能尴尬地走下台，引得众人一阵哄笑。

虽然丘吉尔之后的演讲都非常成功，但他不止一次说过："每次上台演讲，都像是在胃里放了一块冰。"

我国著名作家、历史文物研究者沈从文先生第一次走上讲台时，也是紧张到说不出话来。而且，由于他久负盛名，慕名来听他讲课的人非常多，原本宽敞的教室坐满了人，连窗户、门口也挤满了人，大家都在注视着他，这就更增加了他的心理压力。他呆呆地站在讲台上，很久才平静下来，开始讲课。然后由于太过紧张，原本需要讲授一个课时的内容被他三下五除二就讲完了，看了一眼时间，离下课时间还有足足 15 分钟，他再一次陷入了窘境。直到过了好久，他急中生智，拿起粉笔转身在黑板上写了一句话："今天是我第一次上课，见你们人多，怕了。"

著名男高音歌唱家帕瓦罗蒂一生演出的场次不计其数，

仅仅在纽约的大都会歌剧院就演出 300 场以上。但事实上，他每次登台演出依然无法彻底克服自己的紧张情绪。他父亲同样是一位有着极强高音天赋的人，但由于太紧张一直无缘舞台，而帕瓦罗蒂继承了父亲的优点，同样继承了他的缺点。他将紧张转移到吃东西上，每次上台之前，都要胡吃海喝一顿，充分缓解紧张才敢走上舞台，这也是他体型变胖的原因。后来他的营养医师告诉他："照这个吃法，你的身体很快会垮掉的。"无奈之下，帕瓦罗蒂只能将紧张感转移到其他地方。在他的家乡，一直流传着"生了锈的弯钉子会给人带来好运"的传说，而帕瓦罗蒂也开始依赖一枚钉子。于是，在全世界无论哪一座歌剧院，只要有帕瓦罗蒂的演出，人们总能看到这样的场面：在后台昏暗的灯光下，一个肥胖的身躯正艰难地弯着腰，认真搜寻每一个角落，只为寻找一枚弯头钉子，那正是帕瓦罗蒂本人。而如果在演出前，找不到一枚弯头钉子，无论这场演出多么重要，他都会毫不犹豫地取消。曾经在芝加哥歌剧院中就因为没有找到钉子，他拒绝登台演出，而因此被永久禁演。以至于到后来，每一个歌剧院邀请他演出，都会在后台准备好一枚弯头钉子。

看到了吗？名人也是从普通人一步步转变提升上来的，他们成功的背后总有让人看不见的付出和学习，无论成就多大、多么杰出的人，都未必能完全摆脱紧张的情绪。不过只要像他们一样，找到合适的排遣和放松方式，你就可以轻松地克服那令人浑身战栗的紧张情绪并取得完美的胜利。

这些演讲名家都曾站在万众瞩目的演讲台上振臂高呼，但他们也都曾因为当众讲话而感到恐惧、紧张。

演员陈坤在影视作品中塑造了很多成功的角色，在接受综艺节目《开讲啦》的邀请做电视演讲时，也曾闹出过笑话。因为这是他人生中第一次参加电视演讲，上台前，他一直跟周围人说：自己很紧张，但没有人相信他，认为他演过那么多场戏，已经懂得如何坦然地面对观众了。但事实上，陈坤上台之后，因为紧张将原本准备好的演讲题目《人生路，莫慌张》说成了“人生路，莫紧张”。

我们在电视前看到那些名人气定神闲地侃侃而谈，总会下意识地猜想：他们这种气度一定是与生俱来的吧？不然为什么他们从来不紧张，而我们只要面对多一点的人就开始掌心出汗，口干舌燥。

在“百家讲坛”品三国而名声大噪的易中天教授，也曾遭遇过类似的尴尬。易中天先生在第一次面对镜头时，异常紧张，便对摄影师说：“开拍的时候，告诉我一声，我得先念首诗。否则，太紧张，讲不下去。”谁知，就在摄影师说开始的一刹那，易先生突然手足无措，刚到嘴边的诗句也不知道哪里去了，支吾了半天，不知所云，只好叫停。

如此折腾再三，才录完了第一期节目。

003 | 找出紧张的根源，然后战胜它

随着社会的高速发展，紧张已经成为一种让我们习以为常但又无可奈何的职场烦恼，并且在不断蔓延。特别是刚进入职场中，我们无时无刻不在面临着紧张，与领导谈话时紧张，会场发言会紧张，甚至在工作中遇到自己解决不了的问题时也会紧张。或许我们知道为什么会感到紧张，但就是改变不了现状。

尤其是刚进入职场行列的年轻人，他们在工作上尽心尽力，不放过每一个能够表现自己的机会，想给同事、领导留下好印象。于是，他们成为最繁忙的人，凡事都力求做到尽善尽美。如此卖力地工作自然也受到了领导的格外关注，于是就会在一些特殊场合给予他们表现的空间，但这个时候问题就来了，明明他们在各方面都做得很好，但在说话上却总是缺乏底气，无法表现出真实的自己。面对领导的质疑，就连他们自己都开始怀疑：是不是自己无法胜任这项工作？是不是自己也就只能这样了？

说话是职场人的一项非常重要的能力，不但工作要做好，还要说得出，道得明，才能让同事信服，让领导青睐。

但由于紧张心理作祟会让我们的说话能力大打折扣，做了十分，说了七分，而领导只听到了五分，最后可能会让自己的努力得不到回报。既然我们无法避免紧张情绪，那么就需要扪心自问，找到紧张的根源，然后对症下药。

一些人每到演讲、发言的时候就会紧张，害怕自己讲不好，而一想到自己讲不好就会更加紧张，从而形成恶性循环。富兰克林·罗斯福说过："我们害怕的是害怕本身。"所以，只要我们冷静下来想一想之后就会发现：我们并不是因为演讲而紧张，而是害怕演讲失败带给我们的不良后果而紧张。所以，你一直紧张的原因，不外乎以下几点。

自卑心理作祟

之前看过听过那么多激动人心的演讲，可当轮到自己的时候总是下意识地和那些人作对比。各种对比之后，总会觉得自己处处不如别人：那些人能自信地演讲是因为他们学历高、社会地位高、相貌好、声音有力量；我不行，我学历低、职位低、长得不好看、声音不好听……各种心理暗示促使他们很难开口讲话。其实每个人都或多或少地存在自卑感，同样这个世界上不可能有十全十美的人，但有的人就是能够直面自己的缺点，放大自己的优点。在电影《国王的演讲》中，约克公爵因为患有口吃，无法在公众面前发表演讲，屡屡在大型仪式上丢脸，从此便不在民众面前讲话。但他在语言治疗师莱纳尔·罗格的帮助下，慢慢克服了心理障碍，而后更是临危受命成为英国国王，在战争前发表了鼓舞人心的演讲。

失败的过往

有一部分不敢开口的人，他们曾经也鼓起勇气站在了演讲台上，但因为一些原因失败了，成为不好的回忆。但事实上，每一个侃侃而谈的自信的人都曾遇到过挫折和失败，我们上文提到的那些演讲大家也都有过令人啼笑皆非的过去。而区别在于，对于一些人来说，挫折、失败是奋发向上的动力，他们会知耻而后勇、积极进取，每一次遇到同样的场合都要保证能有所进步，从而将曾经的挫折和失败踩在脚下。但对另一些人来说，挫折是绕不过去的一道坎，经受挫折打击之后，他们往往就此沉沦、一蹶不振。在以后的讲话过程中，这样的人往往会产生过度的自我保护意识。他们会把这段经历埋藏起来，然而，这种埋藏只能使他们暂时遗忘过去的不快，一旦遭遇同样的情境，挫败感就会复苏，紧张情绪也会笼罩他们的心头。

所处位置带来的压力

在如今高度分化的社会中，每个人都在各自的岗位上贡献自己的一份力量，同时也是社会中的一个角色。人们对每一个社会角色都有着一定的期待，也就是我们常说的角色印象。例如，当有人自称司机时，那他必然开车技术很好；当有人自称是厨师的时候，他肯定能烧一手好菜。因此，那些自称歌手却没有任何歌曲代表作的人总会遭到人们的嘲笑。而作为演讲者来说，当人们意识到你是“演讲者”之后，内心对你的期望自然也会有所提高。这种期待在某些程度上也会给正在台上的你带来一定的心理压力，害怕“讲不好”或“不能满足听众的需要”，紧张的情绪就会由此蔓延开来。

过于强烈的自我意识

很多人并不惧怕讲话，甚至喜欢当众讲话，但总是在一些重要演讲上发挥不好。有一位心理学专家在调研了4000多名喜欢表现自己的人之后，得出一个结论：人们之所以在当众讲话的时候产生紧张情绪，有一部分原因就是他们的自我意识太强了，也就是我们常说的“用力过猛”。其实无论是哪种方式的当众讲话，重心都应当是讲话的内容、台下的听众，以及由内容衍生出来的各种行为、对话。但这类人往往太过在意自己的表现，总是在意自己的妆容是否得体，声音是否洪亮，语气是否尖锐，等等，这类跟重点关系不大的因素。而这些，也会成为过度紧张的原因。

当你意识到自己紧张的根源之后，你就能缓解、克服自己的紧张情绪。

004｜敢开口，你就赢一半了

在如今这个快节奏的现代社会中，我们似乎很难有大量的时间和精力去了解、考验一个人，更多的还是观察他的说话和做事。由此看来，口才对于每个人来说，都变得尤为重要。曾经，我们可以信奉“酒香不怕巷子深”的观念，认为只要踏实肯干，就迟早有一天会出人头地；但在同质化严重、不断内卷的今天，再醇香的酒也要从幽深的小巷中走出来。

现在市面上有非常多的书和视频来教人们如何通过语言来征服对方，从而获得其青睐或者认同，但大多数的课程都缺少重要的一环：那就是如何开口。

好的开端是成功的一半，而讲话也是如此，一个好的开头如同评书开讲时那一声清脆的惊堂木，能够吸引所有人的注意力，让大家能够对你接下来的话侧耳倾听。如果没有那一下，即使我们滔滔不绝，听众也是寥寥无几。

其实当众讲话跟口才并没有太直接的联系，尤其是第一次，只要我们迈过心里这个坎，那么剩下的事情就简单了。

第一次失败很正常

英国杰出的现实主义戏剧家萧伯纳以幽默的演讲才能被人们称赞。但在他 20 岁之前，却是一个十分腼腆的人，胆子非常小，即使跟别人约好了去做客，也会在别人家门口徘徊很长时间，迟迟不敢去按响门铃。有意思的是，他第一次参加学术性辩论会是被朋友拉着去的。在会上，他做了有生以来的第一次演讲。要知道在这种以逻辑和严谨著称的学术会议上，一点小的问题都有可能会被无限放大，因此他的初次演讲就以惨烈的失败而告终，面对周围人的讥笑，他恨不得找个地缝钻进去，觉得自己是整场辩论会上彻头彻尾的傻瓜。回到家的萧伯纳在回忆这一次辩论会时，意识到虽然这次当众演讲失败了，但对他而言却是一个非常不错的开端，而自己缺少的仅仅是经验。从此以后，他强迫自己不再畏惧当众讲话，开始了一次次的练习。于是每周人们都能看到他慷慨陈词的身影，在市场、在教堂、在学校、在公园，无论是座无虚席的大厅，还是只有几人的地下室，他都来者不拒。有人统计过，在他 12 年的演讲生涯中，演讲场次超过一千场，平均每周有两场。

而回过头来，我们再去思考，如果萧伯纳在第一次当众演讲时就因为害怕出丑而闭口不言，虽然维护了自己良好的形象，那么以他的能力或许也能在某个领域做出一番事业，但绝不可能在演讲方面有任何建树。只有敢于正视自己的缺点，敢于开口说话，才能获得成功。

一般来说，当我们意识到紧张的时候，就应当向内探求产生紧张的原因，看看自己是因为什么原因导致的紧张。当我们认识到使我们紧张的原因后，那么就可以用下面的方式来进行心理疏导，将过度紧张转变为适度紧张，从而改变令自己窘迫尴尬的局面。

保持平常心

在工作中，如果太过于看重当众讲话的结果，迫切想要在同事、领导面前表现自己，那么势必会出现紧张的情绪，影响自己讲话的正常水平。但事实上，大部分的日常发言都代表不了你的能力。我见过很多不善言谈的人，他们平时沉默寡言，甚至同事间说话时都面红耳赤，但他们能力出众，甚至成为某个企业中的支柱人才。而在领导或者同事的眼中，他的“不善言谈”反而成为“成熟稳重”的优点。所以，我们不要太在意当众讲话的结果，过多地在这方面下功夫，很有可能会被领导、同事打上“油嘴滑舌、投机取巧”的标签。面对大多数场合中的当众讲话，我们只需要以平常心对待，该怎么样就怎么样，不要太在意结果。正所谓希望越大失望越大，很多时候，如果我们对结果看得不是太重，就没有那么重的心理压力，反而会得到一个意想不到的好结果。

准备充分

将才“不打无准备之仗”，虽然我们说要用平常心来对待当众讲话这件事，但还是要多做一些准备工作。千万不能听信那些所谓“老天爷赏饭吃”的吹捧，台上一分钟，台下十年功，想要做到舌战群儒，必然要满腹经纶。比如，当我们被临时通知参加一个会，可能还需要我们上台发言，那就需要提前了解会议内容、要求以及参会的人员等，即使时间紧迫也要将大致内容记下来，以备不时之需，可谓是“知彼知己，方能百战不殆”。当我们带着提前准备的资料进入会场，无形之中就会给自己增添了几分信心，手中有粮，心中不慌，紧张情绪也能得到很好的控制。而在这些准备资料的加持下，即使我们临场发挥，也能取得良好的效果。但如果我们毫无准备地进入会场，即使我们再巧舌如簧，也是巧妇难为无米之炊，一旦我们出现忘词或者乱说一气，就会严重影响听众的感觉和会议效果，甚至还会对我们的自信心造成严重打击。

005｜控制紧张的四个方法

我们在上面讲了紧张基因的客观事实，紧张情绪虽然无法根除，但可以通过一系列的行为来缓解紧张，甚至还会成为我们的动力。下面为您分享几个较为常见、有效的控制紧张的方法。方便各位职场人员在座谈讨论、竞聘演讲、述职等场合有效控制紧张，展现自己的真正实力。

自信开场法

当众发言时心里紧张最大的问题就是缺乏自信。自信并不是凭空产生的，而是通过一点点的工作积累而来的。你准备的资料越充分，那么你的自信心就会越大，所以当你知道需要在众人面前讲话时，就需要早做准备，把能想到的情况，都做好充足的准备，确保万无一失。

如果你做了很多准备，但依然还紧张，无法做到自信开场。那你可以根据自己当时心态的性质与特点来进行积极的自我暗示。比如，当心灰意懒时默念“我行、我行、我能行”；当情绪烦躁时默念“平静、平静、再平静”；当情绪紧张时默念“放松、放松、再放松”等。

对于一些演讲、报告会等正式场合，很多人都是刚刚开口讲话时最紧张，一旦开口就会逐渐放松下来进入正常状态。对此，我们无论是脱稿讲话还是读稿，都要对开场部分的内容烂熟于心，使其形成肌肉记忆，不需要通过大脑来控制。这样的话，即使我们过度紧张，也会安全过渡到自己熟悉的状态。

呼吸解压法

当情绪比较紧张的时候，可以用深呼吸来缓解紧张。深呼吸可以调节我们身体内的血氧含量，松弛你紧绷的肌肉。不过，深呼吸并不是单纯地加大吸气量和呼气量，而是需要调动你身体的肌肉。常见的有腹式深呼吸法：首先将手掌贴在腹部，微微张开嘴巴，将肺中的气体缓缓吐出，感受着腹部慢慢凹陷，直至吐到不能吐为止；然后闭上嘴巴，用鼻子慢慢吸气，感受着腹部慢慢鼓起，直到吸不动为止。如此反复三次，你就能有效缓解紧张。

腹式深呼吸法的好处是除了能调节呼吸之外，还能松弛你腹部的肌肉。研究表明：如果腹部的肌肉得到松弛，那么就能很好地缓解紧张。

饮食解压法

很多食物都可以缓解我们的紧张感，甜食可以为我们的大脑提供很多的糖分，使我们的大脑产生愉悦感，从而缓解紧张。而一些酥脆的食物能够在咀嚼时，通过有频率的震动令大脑释放更多的多巴胺，进而缓解紧张。国外关于唾液皮质醇的研究也证实：咀嚼口香糖时，与压力感成正比的唾液皮质醇水平会显著降低。

不过，很多正式场合无法携带零食进去，很多人就会选择通过喝水来缓解紧张。这也是一种缓解短期紧张的方法，但如果不确定会议时间的长短，那就要慎用喝水来缓解紧张，否则尿急想上厕所会导致我们更加紧张。如果可以携带饮品，那么可以考虑橙汁，里面含有丰富的维生素C，能够帮助降低人体的应激激素水平，缓解精神压力。

运动解压法

所谓的运动解压法并不是我们一定要进行跑步、游泳等常规运动，而是通过多种方式将自己身体的力气发泄出去即可。那么，我们可以用的方式就会比较多，当我们站立等待时，可以找一面坚固的墙，然后用整个背部使劲向上撞，碰撞时要确保整个背部贴近墙面。可以 20 个一组，反复三次之后，你就会发现紧张情绪缓解了很多。

如果是坐着等待，我们也可以使用运动解压法，但不要闹出太大的动静。可以握紧拳头，绷紧肌肉，咬紧牙关，像是和别人拔河一样。每次紧绷 3~5 秒，然后放松两秒，如此反复三次，我们就能有效缓解紧张。我们还可以借助一些道具，比如前面的桌子、自己坐着的椅子，但要注意在使用前，先试一下结实程度，不要弄出太大声响，以免引起他人不适。

第二章

会说话，更要好好说话

当我们意识到说话的重要性时，就要考虑如何说话才能让别人更容易接受，如何才能让别人听了很舒服，同时还能重视我们的发言。

001 | 说话没有技巧，简洁更易接受

很多职场人在了解到说话的重要性之后，总会寻找一些说话的技巧、套路，但很多所谓速成的“说话之道”，往往舍本逐末，只注重技巧，忽略了讲话本身的意义。要知道，真诚才是沟通交流的第一基石，过分追求技巧和方法，在一定程度上反而会引起别人的反感。而无论是人际交往，还是工作需要，只需要表达出我们的想法即可。

有人问马克·吐温，演讲词是长篇大论好，还是短小精悍好，他没有直接回答，而是讲了一个故事：“有个礼拜天，我到礼拜堂去，适逢一位传教士在那里用令人哀怜的语言讲述非洲传教士苦难的生活。当他说了 5 钟后，我马上决定向这件有意义的事情捐款 50 元；当他接着讲了 10 分钟后，我就决定把捐款的数目减至 25 元；当他继续滔滔不绝地讲了半小时后，我又在心里减到 5 元；最后，当他讲了一个小时，拿起捐款箱向听众哀求捐款并从我面前走过的时候，我却反而从里面拿走了 2 元钱。”无论是说话，还是演讲，其讲话长度需要根据内容而定，并非说得多效果就好，因此在说话之前，要考虑如何精练、准确。

而对对方而言，能够在短时间内知晓你所表达的观点并且明白你对事件的看法就够了，太多的内容只能算是画蛇添足，多了就显得太啰唆了。

为什么传教士滔滔不绝地介绍，反而打消了人们的捐款欲望呢？其实这种抗拒心理，不是对捐款有所抗拒，是传教士在讲述过程中的僵硬术语，让人越听越烦，这是个值得深思的问题。

大量事实证明，说话的魅力并不在于你说得多么流畅，不在于滔滔不绝，而首先在于是否善于表达真诚！最能推销产品的人，并不一定是口若悬河的人，而是善于表达真诚的人。当你用得体的话语表达出真诚时，你就赢得了对方的信任，建立起人与人之间的信赖关系，对方也就可能由信赖你这个人，到喜欢你说的话，进而喜欢你的产品了。

讲话精练准确的方法

如何能够让语言表达简洁明了，我这里列举了几个较为实用的方法，在说话时按照这几个思路构思自己的语言，就会节省很多不必要的赘述。

不要频繁使用口头禅。在沟通过程中，一些跟说话内容毫无关联的口头禅，例如“嗯，然后”“换句话说”“简单来说”等，这一类口头禅偶尔出现一次两次的没有问题，但频繁出现之后，就会引起他人的反感。

避免使用粗俗的词语。在追求语言的新奇和幽默的过程中，难免会出现一些不够严肃的段子和词语，但是在使用的过程中要注意场合和分寸。不合时宜地使用会让人产生反感或留下不良印象，所以为了不影响我们的讲话效果，还是尽量避免使用。

避免使用重复词汇。在说话时，尽量提高言辞的多样性，避免多次重复使用同一词汇，即使表达同一个意思，也尽量使用同义词、近义词，让整体表达变得生动丰富。

不要乱引用术语。如果不是跟专家学者讨论学术问题，那么最好不要使用专业术语。日常聊天时，尽量要避免使用这一类专业术语，即便你使用得非常恰当，也会给人“故弄玄虚”“卖弄文采”的嫌疑。

不要过度使用叠词。叠词在汉语中有时能起到引起注意、加强语气等作用，但是如果过多使用叠词，就会让人产生累赘的感觉，所以应该尽量避免。

说话简洁的不二法则

想要让自己的话说得简洁而准确，那么只需要在开口前想通三个问题：我想要说什么？我为什么要说？我要如何说？

举个例子，我打算向领导汇报上一周的工作任务完成情况，那么基于上面的三个问题，我们首先在心里思考所对应的答案。

我想要说什么：我要汇报上一周的工作情况，主要有三部分，第一部分是……第二部分是……第三部分是……

我为什么要说：因为上周的工作遇到一些新问题，并且需要定期汇报工作。

我要如何说：按照工作的优先级，以及相关的项目安排汇报即可。

当我们紧扣这三个问题，就能把夹杂着其他性质的内容都剔除掉，呈现出一份简洁精练的工作汇报。

更重要的是，在思考要说什么、怎么说的时候，就会按照真实情况如实汇报，不会胡编乱造和粉饰事实。从语言的角度来说，当你依据事实说明情况的话，会很容易表达出你的观点，但如果捏造事实撒了一个谎，我们可能需要用大量的谎言来掩饰。

想清楚我们为什么要这么说，如果是没有目的的说话，那么我们的讲话就像意识流，想到哪里就说到哪里，而对方听完之后也是一头雾水。刚刚还在汇报这一季度的工作情况，而下一刻就扯到了未来发展，让人听得云里雾里。

说话不要鲁莽，要三思而后行。说话不是抢答，不需要争抢，每一句话都要考虑清楚再说出来。有一句话叫作祸从口出，如果你不能准确地表达自己的想法，那就不要表达，有时候沉默是最好的表达，而且说话不过脑子本身就是一种不礼貌的行为。

002 | 争辩不是能力，认错也是修养

商务会谈、开会讨论是职场人最常见的工作场景之一，一旦涉及讨论，那就会出现意见不统一的情况，进而发生争辩。每个人都是一个个体，有自己的想法、立场和处理事情的原则，当我们一起共事总会因为各种原因出现冲突，这是不可避免的。但争辩根本解决不了问题，只会让事情变得越来越复杂。争辩是这个世界上最没有意义的一件事，但无论是工作中，还是生活中，都免不了和别人出现分歧。

面对不可避免的分歧，我们总希望能够通过沟通讨论的方式来结束分歧，但事实上很多时候，讨论就会变成争辩。而争辩和讨论并不一样，讨论的目标是为了让自己讲得更明白，而争论则是为了彻底说服对方，其结果只能是两败俱伤，即使我们在当时看似“说服”了对方，但并没有彻底解决问题，而分歧大概率还会存在，甚至还会激发更大的矛盾。

不要把精力浪费在争辩上

很多时候，面对领导的无端指责，面对同事的推诿埋

怨，很多人选择据理力争，坚决保卫自己的尊严。

另外，还有些人认为自己巧舌如簧，说起话来头头是道，总想把对方反驳得哑口无言，即使自己的观点偏激，也想强迫对方承认自己的观点。这种逞一时口舌之快的方法，解决不了根本问题，很有可能激化矛盾，让势态发展到无法挽回的余地。

一味地争辩并不是能力，我们需要温和且有效的方法来解决问题。

第一种是“以退为进”。当你意识到势态不对的时候，可以后退一步，做出暂时的让步，防止态势进一步恶化。

你可以说“在这件事情上，我可能欠考虑，这样我们都想一想，下午咱们再分析一下”。或者说“领导，我觉得您说得在理，我查资料可能有偏差，我一会儿再查一下资料，看一下具体的情况，然后再向您汇报”。

这种以退为进的说话方式，能够在最大程度上避免矛盾升级，很多人听你这样说了，可能就会适可而止，即使心中已经积蓄了很多情绪，也不会直接发泄出来。而你也会有充足的时间来准备更加全面的资料，能够掌握更多的信息，从而从容地面对下一次讨论。更重要的是，你们并没有将矛盾升级，也没有掉入情绪化陷阱，不会影响你们之间的其他合作和交流。

第二种是“换位思考”。大部分的分歧都是因为你们的认知、观点不同导致的，所以当出现问题之后，你要学会站在对方的角度去思考问题，探寻对方为什么会出现跟你截然不同的观点。然后，试着从对方的角度去寻找分歧的合理性，思考对方为什么会坚持反对意见。

这样做的好处是，你能够从中寻找自己观点的局限性，因为很多事情并不是绝对的对或错，而是出发点不同，如果对方的观点更合理、更贴合实际的话，那就要考虑自己的想法是否有些偏激。另一方面，当我们换位思考时，很容易发现对方观点上的漏洞，然后在进行接下来的讨论时，就会很容易找到对方的弱点。

第三种是“第三人调节”。当你意识到态势即将不受控制，而对方也已经进入情绪化，步步紧逼的时候，那么我们可以寻求第三人来参与这次讨论，让其从中斡旋。这样做的好处是，第三人与你们、与矛盾点并无直接关系，所以他所得出的结论会更为公正，能够使你们信服。

而在第三人的选择上，要注意几点：首先，需要选择一个相对公正的人，你和对方都熟悉的人，或者是你和对方都不熟悉的人，这样在解决争议的时候，才不会失衡。其次，第三人需要有较高的职务级别，当他做出结论之后，哪怕是否定一方的观点，甚至是否定双方的观点，采用更好的第三策略，也会得到较好的执行。

勇于承认错误，也是一种能力

有的人认为认错是一种很丢脸的行为，所以在工作和生活中，即便知道自己错了，也巧言狡辩，不断为自己的错误找借口，企图通过言语弥补自己的错误。是人都会犯错，犯错误是可以理解的，但如果总是不愿意承认，甚至还一错再错，那就很难让人原谅了。

当你意识到自己的错误时，坦率而诚恳地承认自己的错误，并及时反省自己的错误。承认错误并不是认输，也不是认怂，是一种勇气和能力。勇于承认错误的人，是能屈能伸的人，他们会就事论事，不会为自己的错误找理由，他们敢于面对自己。

对于领导而言，只要不是原则上的问题，很多错误都是可以原谅的，更重要的是让其看到你改正和学习的能力。而对同事而言，承认错误可以避免冲突进一步升级。正所谓，退一步海阔天空，忍一时风平浪静。如果一直争执不下，那么你不妨先承认自己的问题，等到情绪平息之后，再另做打算。

除此之外，即使不是自己的错误，也要视具体情况，寻找补救的方法。虽然你是一个个体，但你作为团队的一分子，同样是一荣俱荣，一损俱损。

例如，当你正专注工作，领导突然走过来说："昨天不是让你去跑客户吗？你今天怎么还在这里？"然后你面对领导的怒气，如实回答："陈经理，昨天小王不是跟您说了，他要替我去跑客户？"可陈经理怒气未消："昨天晚上他打电话说请假了，并且说把盯客户的事又交给你了！"

这时候该轮到你发懵了，你根本没有接到小王的任何消息，于是你立即给小王打电话，询问具体情况，得到的结果是他真的请假了，但昨天忘了跟你说了，还向你表达了歉意。这时候你面对无端的指责，自然是怒火中烧，拒绝了他的道歉，想要据理力争。但争论的结果是，他请假是事实，跑客户的工作依然需要你来做。而你在争论过程中，既得罪了同事，又给领导留下一个锱铢必较、不以工作为重心的印象，非常影响日后的工作。

其实同事向你说明情况之后，无论他道歉与否，你都要意识到，他请假无法正常去跑客户已成既定事实，再与他争论无非就是划分责任的问题。但是，对于领导而言，当他看到你的真实反映之后，也猜到了基本情况，现在的首要任务是将工作进行下去，还没有到追究责任的那一步，所以他需要一个能够承担压力、快速完成工作的人。

所以，我们应当首先向领导说明情况，承认自己工作上的疏忽问题，然后将交谈的重点重新放在工作上，了解清楚现在去客户那里还来得及吗？还能从哪些方面去补救？待工作完成之后，再去分清责任在谁，如此做法领导也不会说什么。而作为主要责任人的小王已经给领导留下了不好的印象，不需要你在这件事情上继续追究下去，只需要在后面合作的时候多加留意即可。

从这件事情来说，我们并无过错，但还是要先低头认错，这不但体现了我们的大度和气量，更重要的是考验了我们对于紧急问题的处理能力，在领导面前是非常重要的加分项。

003│适当的沉默，也是说话之道

从某种意义上来讲，沉默可以调节表达和倾听的节奏，在这个间歇的时间内，也可以平复情绪，冷静思考问题。如果一直唇枪舌剑，没有沉默冷静的时间，一切交流都无法正常进行下去。

有人曾说："造物主赋予我们人类一张嘴、两只耳朵，就是为了让我们多听少说。"如果一味地争辩，只想说不想听，那么最终只会落得两败俱伤。你以为是事情让你焦虑了，其实是你设想的未来场景让自己焦虑了；你以为是他人的语言激怒了你，其实是你的理解让自己的情绪崩溃了。

对他人言语或行为的错误预判容易导致自己的情绪化行为，对于容易情绪激动的人，可以缓一缓再去做决定，再去回复对方。

再者，适当保持沉默有时比激情的演说更有威慑力，沉默后的发言更容易得到别人的重视。沉默是理性的开始，并且引导双方冷静思考。不懂沉默的人，必然难以倾听，而不了解对方就无法沟通。

因此，无论是“职场小白”还是公司中的管理层，在工作中都需要意识到“沉默是金”的意义。说该说的话，不说不该说的话，少说低情商的话，这就是职场说话之道。

开会时，只说自己的想法和观点，就事论事地讨论问题，不要转移到个人身上，也不要情绪化发言。如果一些问题需要讨论，要始终保持平和的情绪，说话要“三思而后行”。和领导对话时，只说该说的话，不要一味地表现自己，言多必失，说太多没有意义的空话，反而会让领导觉得你是一个爱说大话的人。

虽然大家总说忠言逆耳利于行，但没有人喜欢听贬低自己的话，更喜欢听有利于自己的话，所以我们在说话的时候，需要三思而后行，学会说高情商的话。很多逆耳忠言不妨换个角度，让别人乐于接受。

工作中的“两不说、两不问”

一是不说做不到的承诺。很多企业可能会有一些积弊，大家在没有找到合适的解决方法时，能做的就是暂时放下不管。而很多初来乍到的新人，发现这类问题之后，就开始去整改。但如果你没有了解清楚就贸然提意见，领导很可能就会将烂摊子交给你，而当你真正调查清楚之后，才会发现它的棘手程度远超你的想象。另外，一些企业还有这种情况：谁提建议，谁抓落实；谁提出了问题，谁就负责解决问题，而且还要负责到底。虽然这种情况在一定程度上取决于团队领导的办事风格，但如果你连领导都没有弄清楚就贸然许诺，很有可能就会惹火上身。而且，在你多次承诺却没有落实之后，领导便不再会信任你。

二是不说工作外的事情。和同事、领导是工作上的关系，除非成为很要好的朋友，否则就不要谈及工作之外的话题。如果将家庭方面的事情带到工作中，你就很容易被别人议论，而如果你泄露了别人家庭方面的隐私，那就会得罪人。而且，你的喜好、家庭很容易被别有用心之人注意到，然后让他们有了可乘之机；而如果有人向你打听领导的喜好，也不要随便往外说。所以，工作就是工作，同事就是同事，客户就是客户，对于工作之外的事情要三缄其口，避免祸从口出。

三不问人脉关系。在职场中很忌讳到处打听人脉关系，如果你对这个问题很在意，大家就会认为你是靠攀附关系在公司存在的，而没有什么工作能力。我们要树立一种意识，靠人情关系，只能靠一时；靠自身的过硬本领，才能获得长远稳定的发展。

四不问与自己无关的工作。有的人喜欢“串门”，常常从自己的办公室，走到其他人的办公室去聊天，还喜欢打听别人的工作情况。这种事情能不做就不做，表面上你是关心同事，实际上你却犯了职场忌讳。工作业绩很差的人，害怕别人提问；埋头苦干的人，根本没有时间回答问题，不喜欢那些闲逛聊天的人。最不可思议的是，一些喜欢打感情牌的人，只要别人打听了他的工作情况，马上就装委屈，把工作任务分出去。

004｜未雨绸缪，要有充足的知识储备

巧妇难为无米之炊，很多谈话失败的原因，并不是你的沟通能力不行，而是你没有充足的知识储备。开会时，领导还没有开口，而你却开始讲自己的观点和想法；领导让你讲专业内容，而你却对生活趣事大谈特谈。这样的人固然很可笑，但在现实中并不在少数。其根本原因就是缺乏足够的知识储备，一开口就暴露了问题。

开口前的礼仪常识

无论是正式场合还是非正式场合，都有其内在的规矩和礼仪。很多人总觉得自己做事大大咧咧，不需要遵守那

么多的规则，所以在无形之中得罪了很多人。当然，并不是说任何时候都要小心翼翼的，而是说在一些细节方面多加注意。

开会时先耐心听领导、同事讲话，该记笔记记笔记，该看资料看资料，等轮到自己再发言，讲话之前先向所有人表达谢意，然后再条理清楚地说明自己的观点；有会场主持人的时候，要听从主持人的安排。即使是自由发言阶段，也要耐心听完别人的观点，然后再说自己的想法，不要随意打断别人讲话，这是非常不礼貌的行为。

演讲时要注意举止大方，双手放在身前，不要胡乱挥动；眼睛要前视观众，不要左躲右闪，或者望天看地；声音要洪亮但不要过分高亢，可根据会场大小而定，确定让所有人能听清即可。

如果是非正式场合的闲聊，在倾听对方谈话时，神态要认真，不要心不在焉或者玩手机；如果人数超过三个人，就要兼顾所有人的情绪，不要冷落其他人。向别人请教时要虚心，态度要谦卑；别人向你请教时，要耐心，不自傲。要做到：小事幽默说，大事慢慢说，没把握的事谨慎说，没发生的事情不要胡说，做不到的事情不要乱说。

内容的知识储备

一般来说，无论是哪种场合，讲话内容都是最重要的，这就需要你在讲话之前，有一定的专业知识。比如，你的讲话主题是对冲基金，那么你需要知道在任何给定时间进行哪些投资、行业中发生的变化、未来前景，以及历史数据的趋势线，等等。现如今的网络四通八达，我们经常能看到那些面对媒体表达流畅、风度优雅的专家学者，他们的讲话让人不得不深深敬佩他们的学识渊博。如果你也想跟他们一样，那就需要有一定的专业知识储备。

如果是会议发言、演讲这类场合，我们就需要提前准备相关的资料和内容。例如，领导通知明天将有一场新产品研发的讨论会，那么我们可以提前查阅产品研发的技术资料（一般来说，先有通知，然后再有讨论会），了解其进度与瓶颈，再结合部门情况来分析执行方案，然后再结合自身的情况来确定发言的重点内容。同时一些相关的材料也可以准备好，像之前相关会议的纪要等。我们了解清楚这些资料之后，到了会议上，就能做到心中有数。

在会议上如果领导或者同事讲到自己没有收集到的内容，要及时记录下来，方便后续的发言。

而在一些需要即兴发言的时候，就需要你在平时多积累素材和内容，重视业务学习，加强生活积累。缺乏生活积累和经验，对社会和现实的认识就会比较浅薄。如果你生活在一个封闭的圈子里，就会变得无知，与世界隔绝，与周围的人和环境失去联系。一个没有生活积累的人在与人交谈时，往往会感到无聊，失去兴趣，因为其话题与社会现实脱节。

读书可以增加你的知识。在很大程度上，有了丰富的知识，与人交谈时，就不会因为无知而自卑，自然会引经据典，所表达的内容也会很高雅。如果胸无点墨，在一个陌生人面前，只有闷头静听的份，这样会让自己显得无足轻重，也不会引起别人的注意。

我们正处在一个与世界交流越来越频繁的时代，手机、电视、互联网传递着世界各地的政治事件和时事新闻，如果你几天不上网，不看新闻，你会觉得被世界抛弃了。当有人谈论时事时，你所能做的就是竖起耳朵听。当你和别人说话的时候，你说的话听起来会让人觉得空洞和无聊，你本人也会被贴上空洞和无聊的标签。

第三章

漂亮的开场白，直抵对方心底

一个漂亮的开场白能够用三言两语就勾起听众的好奇心，也可以用几句话就快速拉近和对方的关系。在本章中，我们将分析讨论如何准备简洁而大方的开场白。

001｜看准情况，准备适当的开场白

万事开头难，一个好的开场白可以帮助我们起到事半功倍的作用，包括吸引对方的好奇心，营造良好的对话氛围；拉近与对方的心理距离，建立连接的纽带；给对方留下深刻且恰当的印象，塑造自己的良好形象；等等。因此，根据不同的情况和场合，我们需要准备适当的开场白。简单来说，可以分为非公开场合和公开场合两个大类。

非公开场合的开场白

第一种情况就是非公开场合的开场白，一般来说需要亲切、自然、有话题感，能够为后续的沟通做好铺垫。非公开场合的开场白也分为几种常见的情况。

一是非正式会议的开场白，这又分为两种情况。第一种是部门内或合作部门间几个人的小型会议。这种情况下一般要先介绍自己的姓名及部门分工，再介绍会议的背景和目的，再引出领导的指示或要求，感谢大家的参与和准备。最后可以先抛砖引玉，提出自己的想法观点，再欢迎大家讨论指正。第二种情况是与上下游合作公司的小型会

面。这种情况下一般需要介绍自己的姓名、部门分工及公司概况，感谢对方来拜访并介绍推荐可能的合作方向等。但需要额外注意会场氛围的把握，既需要客观认真又需要自然亲切，在开场时可以适当地使用设问、比喻等方法，吸引对方的兴趣，并帮助对方理解自己的业务情况。同时，如果是外地来的客人，还可以用天气、当地景点等作为话题，拉近与对方的距离。

二是单独的工作汇报，主要是向直接领导或分管领导进行一对一汇报或请示工作。这种情况下，宜开门见山、直截了当，用最短的时间让领导了解工作内容、成果及需要审批决断的事项。一般而言，开场简单介绍自己的姓名及所属部门，表明需要占用几分钟时间就某项工作做个汇报及请示，让领导有个心理准备。

公开场合的开场白

第二种情况则是公开场合的开场白。这包括竞聘演说、述职报告、会议主持、座谈发言等多种情况。需要根据不同的场合和不同的在场人群准备适当的开场白。

首先，问好也有大学问。很多人以为开场第一句的问好无非是“大家上午好、下午好、晚上好”，其实不然。第一句的问好看似简单，也需要根据不同的场合加以斟酌。第一，如果现场有领导，需要单独点出。如果在场人员分为明确的几个群体，也需要分别问好。比如“尊敬的 ×× 董事长、×× 教授，各位 ×× 公司的同事以及各兄弟单位的同仁，大家早上好”。第二，在问好时可以适当地加以修饰描述，拉近与大家的距离。比如“各位曾在 ×× 项目中一起奋斗的战友们”“各位一直指导、支持、鼓励我们公司的领导及同事们”等称呼，就可以在开篇即表达对听众的感谢和赞许，为整场发言奠定基调。

其次，根据现场的听众和所讲的内容确定开场白的风格。工作场景下公开场合的开场白，一定要提前了解在场重要听众的性格特点，比如竞聘演说中在场领导是直率严肃还是幽默风趣，是正当壮年还是临近退休？在会议主持上，会议性质是闭门会议还是公开会议，是沙龙圆桌还是正式大会？只有根据具体情况准备相应风格的开场白，并斟酌自己的语气、情绪、手势，才能达成良好效果。

再次，工作场景中公开场合的开场白都不宜过长。无论是竞聘演说、述职报告，还是会议主持、会上发言，重点都在于后续的核心内容，如果在开场时滔滔不绝，即使妙语连珠也会让人心中暗急。一般来说，工作场合的发言都有或明确或隐含的时间限制，过长的开场白不仅会浪费自己的发言时间，还会让别人觉得缺少内涵、避重就轻。

002｜直奔主题，又不让人感到唐突

在开场白中，一般都需要进行自我介绍。可以说，一段恰如其分的自我介绍可以给别人留下深刻且正向的印象，同时为对话全程奠定和谐、友善的氛围。而准备自我介绍，主要需要做到两点：鲜明的针对性和独特的风格性。

要有鲜明的针对性

在不同场合，面对不同的人群，需要不同的自我介绍。一般来说，在工作之后，每个人都需要准备几份不同内容的自我介绍。

第一，根据场合不同准备不同的自我介绍。从性质上，场合可以分为正式场合和非正式场合，正式场合的自我介绍一般应简短严肃、要素齐全，在 100 字以内介绍清楚自己的姓名、工作单位、工作经历、负责业务等。而非正式场合的自我介绍则应在包含以上要素之外，再适当增加自己的兴趣爱好、个性风格等内容，还可用一些谐音、俗语来帮助对方记住自己的姓名。从环境上，场合可以分为商务宴请、会场、机场火车站等不同情境，也需要根据情境气氛的不同，对自我介绍加以灵活调整。比如，商务宴请上的自我介绍应更为轻松亲切，增加与对方的共性内容及有趣有话题性的内容，如自己家乡的风土人情、自己求学工作的丰富经历等。而机场火车站等场合的自我介绍应尽

量简短，以便及时接站送站，不耽误时间。当然，场合还可以根据人数分为一对一、一对多；根据是否有录音录像分为公开、非公开等，在不同的场合下，均需要对自我介绍加以适当调整。

第二，根据对象不同准备不同的自我介绍。一般来说，在正式会面前需要提前了解对方的年龄、性别、喜好、兴趣等基础信息，并根据这些信息调整自我介绍的内容。举例来说，对年龄相仿的同龄人可以适当地表达亲切和友善，可以用谐音、俗语来加深对方记忆，还可以从热门的综艺、游戏等共同话题聊起，让沟通更顺畅；而对年龄较大的长者，则应简洁明了，用“耳刀陈、木子李”等常用记法说明自己的姓名，适当介绍自己的学习及工作经验来突出自己的能力和态度。当然，也可以在自我介绍中加入共同的喜好、兴趣等内容，让对方萌生一种得遇知己、相见恨晚的感觉。

第三，根据目的不同调整自我介绍的内容。一般来说，自我介绍的目的包含偶然临时的短期接触、互为助力的工作配合、自我驱动的人脉建立等。如果只是不想深交的短期接触，简单介绍自己的姓名及身份即可。如果是工作项目中需要相互配合，除了基本信息之外，还应重点介绍自己负责的工作领域，需要对方配合的工作内容，自己所在部门或单位的基本情况等。而如果是自己主动想要建立的人脉关系，则应在基本信息之外，尽量提及与对方的共同兴趣爱好、家乡学校、熟人关系等内容。

要有独特的风格性

一段好的自我介绍除了要包含恰当的内容外，还需要有介绍者自身的独特风格。自我介绍是对方了解、认识你的第一窗口，只有风格独特且正向，才能给对方留下良好的第一印象，为后续的交流和接触打下坚实的基础。

首先，自我介绍应真诚自然、自信积极。每个人都喜欢与正能量的人交往，在自我介绍时展现自己良好的精神风貌是吸引对方的第一法宝。这更多地取决于我们的语气语调、手势情态。可以在镜子前多加练习，确保咬字清晰、语气铿锵、体态自然、表情亲切。当然，清爽的发型、适当的淡妆、合适的着装也是必要的。

其次，自我介绍应突出自己的特点和优势。做自我介绍时，我们绝不仅仅是希望对方记住自己的姓名、性别、单位等基础信息，更希望对方可以记住自己的能力、特长、特点、优势，为日后的工作和交往做好铺垫。因此，在自我介绍时，就应该着力凸显自己有优势的学习背景、已取得的工作成就等内容，展现自己熟练的工作技能、丰富的工作经验及良好的工作态度。

再次，自我介绍应适当体现个性。在自我介绍时，可以适当地展现你的个性特点，让对方了解你的兴趣爱好、性格特点，为后续的交往打下基础。有时候，共同的兴趣爱好可以迅速拉近彼此的距离，类似的衣品、喜欢的明星、热播的影视剧等也都可以帮助我们打开话题。需要注意的是，在工作场合，自己的个性当然要与工作需要相吻合，但也无须过分矫饰。在长期的交往中，你很难伪装成另一个自己。如果你活泼开朗，只要不喧宾夺主，热情直率也无妨；如果你内向害羞，只要不逃避交流，克制理性也无妨。在满足工作需要的前提下，保持并彰显自己的真实个性，才能释放独特魅力，使交往更加自然舒适。

003｜适用所有会议开场的“万能公式”

作为职场人员，会议发言是我们经常会遇到的情况，也是我们给他人留下良好印象的绝佳机会。这里有一些通用的“万能公式”，可以灵活改写、轻松套用，帮助我们快速整理出合适的会议开场。

巧用道具，趣味入场

区别于语言这种主观、理性的存在，道具作为客观、感性的实物，可以充分地调动听众的兴趣和情绪。同时，道具也可以作为话题自然地引入主题，让听众从眼前的人、事、景开始关注到主题内容而不觉突兀。

常见的道具可以是和主题相关的实地调研的图片、有地方特色的建筑、有冲击力的数据等。这就要求我们在日常工作中加以留意，遇到适合分享、有趣有料的素材及时记录留存，以备不时之需。一件现场工作时的衣服、一个与主题相关的发饰、一段客户反馈的录音、一面锦旗、一封感谢信，甚至是一片树叶、一枚纪念章、一颗种子，都可以成为合适的道具。

真实故事，渲染情绪

一个内容生动、跌宕起伏的精短故事，可以有效吸引大家的注意力。人都会对故事情节的发展产生好奇，对故事结局的喜怒哀乐产生情绪。因此，在开场中分享自己或身边人的一个故事，也是一个好办法。

但以故事开场时，有几点需要特别注意。一是故事应为自己或身边人的故事，经典的历史典故容易陷入老生常谈，反而让大家丧失兴趣，而道听途说的无关人员的故事则会类似流言，有失真情实感，自然就没有办法调动起听众的好奇心，也就没办法挑动听众的情绪变化。二是讲故事时应带有情绪，但一定是真情流露。过于渲染自己的辛苦牺牲很容易过犹不及、引人反感，过于拔高自己的心态格局也会让情绪浮于表面，甚至显得油腻夸张。三是讲故事时应设置悬念或提问，如果是平铺直叙也难以吸引听众的兴趣。而巧设悬念、加以提问则可以有效地让听众产生好奇、紧张的情绪变化，能够产生更好的开场效果。四是故事不可过于复杂冗长，否则听众就会丧失兴趣。大家来参加会议，都带着各自的工作目的，如果只是为了听有趣的故事，谁会选择坐在会议室里呢？

名言诗句，加深印象

古今中外产生了大量的名人名言、格言警句、成语俗语、诗词歌赋，表述着不同的内容，抒发着多样的感情。可以说，只要确定了特定的主题，在各类搜索引擎上加以仔细搜索，一定能找到合适的语句。这些语句一般而言万能且安全，可以帮助我们自然地引入主题内容。

当然，还有一些名言警句、古诗古文因其主题的普适性，可谓是“万能开场”，可以在日常工作中学习中勤加留意、注意积累。举例来说，“学而不思则罔，思而不学则殆”可以用来引入所有经验案例的分享；“勤能补拙是良训，一分辛苦一分才”可以用来引入所有述职、竞聘的内容。

这里需要注意的是，名言警句、古诗古文越经典、通俗就越安全、稳妥。一方面，不要因为过分追求小众而引用晦涩难懂、佶屈聱牙的语句，让人难以理解甚至质疑讲话人存心卖弄。另一方面，不要引用非名家或权威人士的话，引用名言警句、古诗古文本就是要用放之四海而皆准的公理道义来引入主题，如果引用的作者过于小众，不为人知，就失去了引用的意义。

开门见山，直截了当

需要特别提醒的是，当你没有好的思路和想法时，不妨开门见山。有些时候，只要言简意赅地将会议背景、会议主题介绍清楚，就可以安全、妥当地完成开场任务。

作为工作会议，大家来参会都抱着工作上的目的，比如学习领会会议精神、研究考察优秀案例、了解记录下一步工作重点等。绝大部分时候，参加会议并听取会议内容是参会人员工作的一部分。让所有人集中注意力认真听会是参会人员的本分，而非开场人员的责任。因此，切不可画蛇添足，为了片面追求开场效果而开过分的玩笑、引用不恰当的故事等。如果没有合适的开场思路，只需要四平八稳地开场并推进下去即可，万不可过犹不及。

004 | 注意雷区，有些话不能说

开场白讲得好，固然可以凭借三言两语抓住听众的心，事半功倍地为接下来的发言搭梯架桥。但也需要注意，安全稳妥永远是会议开场的核心要义。如果没有好的思路和想法，宁可平平无奇，也不可为追求标新立异而触碰雷区。

不可语出惊人，令人反感

很多人在开场白中会选择开门见山地提出一个观点，后续再加以阐述或反转。

这种情况下，首先要注意，提出自己的观点或想法需要慎重。一方面，要确保自己提出的观点想法与行业发展、企业战略完全一致，同时符合所在企业的规划方向。另一方面，在无所谓对错的事情上，在各级领导没表态之前，自己的观点态度也要尽量保持中立，以防出现冲突。

其次，即使是为了起到反转的效果，提出观点时也需要注意以下三点。第一，被反转的不当观点需以引用的形式表述，要特别强调这是“少部分人”“其他人”的想法。如可以表述为“网上有少部分比较偏激的人有过这样的言论”等，避免让人误以为这是你曾经的真实想法。第二，引入过程需简短。在一段长发言中，无法保证所有听众是全程集中注意力认真倾听的。如果引用不当观点的段落过

长，甚至还详加解释，很可能会导致一部分人因为只听到了片段而误以为这是你的发言观点。第三，反转需慎重。反转技巧需要比较熟练的表达技巧，如果运用不好，可能就会弄巧成拙。

不可过分玩笑，祸从口出

用幽默、有趣的形式开场是非常讨喜的方式，但需注意万不可过分开玩笑。会场中，听众均有不同的身份和立场，如不加小心，很可能会祸从口出。

首先，如果开玩笑则只能自嘲，不能开听众的玩笑。无论你自认为与听众中的某些人有多熟悉亲密，都不可乱开玩笑。每个人在不同的场合都有不同的立场和需求，私下里能说的话、能讲的故事，在公开场合很可能就不能讲、不该讲。

其次，即使是自嘲，也不可多言或夸张。一来容易因为自我否定而让别人给你打上不好的标签，二来过分的谦虚也容易让别人质疑你的能力和态度。只有根据实际情况，依据不同的场合和人群仔细斟酌，把握好开玩笑的度，才能在安全、稳妥的前提下达到妙趣横生的效果。擅长演讲的胡适曾有一次这样开场：“我今天不是来向诸君作报告的，我是来‘胡说’的，因为我姓胡。”这样幽默的开场，如果是权威的领导来说，就既体现了谦逊的修养又巧妙地介绍了自己，但如果是一般人在正式、公开场合来讲，就难免让人觉得轻浮。

再次，自嘲只能针对自己，不能涉及自己所在的单位、行业。对企业、行业整体的客观评价，作为权威领导或许可以在某些场合加以分析、阐述，但作为普通员工，在任何场合只有表达对单位、行业的热爱才是安全稳妥的做法。即使有些吐槽或热梗已经人尽皆知，但在正式、公开的场合讲出来，意义很可能就不一样。要警惕说者无心，听者有意，更要警惕有人借题发挥。

同时，低俗、黄色、暴力、血腥、反动等不安全、不正确的内容绝不能碰。这里尤其要注意的是，有些网络新词、音频“热梗”中会有违规的危险内容，或者只适合于特定语境的内容，比如“唯一真神”在网络上被用于夸张式形容某一领域的权威，但如果在正式、公开场合使用这一词语，就难免让一些与会专家产生被贬低的感觉，或触碰宗教信仰的红线。因此，在使用网络新词、音频“热梗”时一定要严加甄别，开玩笑不可出格。

不可小众个性，格格不入

不管用什么内容来作为开场白，都需要考虑听众的接受程度。过于新潮的网络用语、过于小众的个性爱好都不宜讲，要找到与听众的共同话题，让听众有兴趣听且能听懂、能理解。比如，参加产品研发研讨会的都是年龄较大的专家学者，那就不宜用二次元的“梗”、微博热搜作为开场。即使不得不涉及时，也应用通俗易懂的语言加以解释，以避免其他人都听懂了会心一笑，独留专家们摸不着头脑的尴尬情况发生。

还需要注意的是，即使是本领域内的专业词汇，一般也不宜应用在开场白中。过于深奥的专有名词、英文拉丁文等外文的音译名词、一线现场的特殊用词，如果用在开场白中，也很可能会造成现场的一些观众无法理解，对会议内容失去兴趣。

第四章

让对方心甘情愿地听你讲完

沟通的意义在于输出我们的观点，好的沟通方式不但能够让对方听懂，还能说服对方认可我们。本章将从不同角度入手，寻找让对方接受我们观点的方法和策略。

001 | 条理清晰，更能打动人心

说话的目的无非表达自己、说服对方，其目的是让对方了解并认同我们的工作内容、想法观点，这就需要我们在说话时条理清晰、富有逻辑。其实，没有谁的逻辑思维能力是与生俱来的，都离不开日常的积累和练习。当然，也有一些方法论可以帮助我们快速提升逻辑能力。

开门见山，明确主题

无论是向领导汇报工作、与合作部门争取支持，还是活动、会议上做演讲发言，都需要开门见山，用简洁明了的开场白让对方迅速明白你要围绕什么主题展开讲述，并吸引对方的注意力。

“关于某项工作，有几个事项需要向领导指示”“某个活动已筹备到某个步骤，整体进展很顺利，有几个问题还需要探讨如何解决”等简洁、明了的话语都可以让对方明确沟通的目的，有重点、有选择地倾听后续内容。

当然，开门见山不只是整个对话开头的注意事项，更应该条分缕析地在每一个小点上得到落实。比如围绕一个

活动的几个方面做汇报，那每个方面都需要开门见山、明确主题，说明是否顺利、主要成果、所需支持等。

同时，如果一段沟通中有某个小点是特别希望对方注意的内容，还可以配合使用增加手势、提高声调，甚至清清嗓子、改变姿势等小技巧来吸引对方的注意力。

提纲挈领，擅用逻辑词

口头表达不同于书面写作，如果不在声调重音和表述上加以强调，其内在的逻辑就很难被对方抓取。而有些时候，哪怕并没有严密逻辑的几句话，只要用“首先、其次、再次……”“一方面、另一方面……”“第一、第二、第三……”等逻辑词连接起来，也会让听众更容易抓住重点，印象清晰且深刻。

在逻辑词的使用上，需要注意两点：一是不可混用。如“首先、其次”后面不能接“第三”，“一方面”后面不能接“其次”，以防对方倾听时陷入逻辑混乱。如果是临时性的补充，可以使用“同时”“另外”等逻辑词。二是加以突出。在运用逻辑词时，可以有一些音调上的变化或增加重音等，以提醒对方注意。而如果内容较长，如在大会上做长篇工作汇报等，就需要特别说明，边讲述边总结。举例来说，当第一点、第二点都展开讲述了很多内容后，在讲述第三点时，就可以强调一下，“在第一点……，第二点……

之外，还有第三点……”。而在对话或演讲、汇报的结尾，也可以再次加以总结，如“以上，我从×××、×××、×××等几个方面分享（汇报）了×××内容”等。

勤做积累，妙用逻辑框架

在工作和生活之中，我们也要处处留心，多听他人的汇报，多看别人的发言稿件。一方面，可以积累更多符合自身工作环境的对话策略，学习更适合所在单位的对话风格；另一方面，很多逻辑框架是放之四海而皆准的，在发言时不妨套用，既省心省力，还显得考虑得全面、客观。举例来说主要有如下几种：

第一，按主客观分别分析。很多事情的分析、项目的推进都可以从个人主观因素和客观限制条件上来分别展开。个人主观因素主要包括积极性的调动、个人意愿的强弱，而客观限制条件可以包含时间空间限制、设备条件限制、经费预算支持等方面。

第二，按主体分类。同一个政策，国家层面、行业层面、企业层面分别如何安排部署、推动落实；同一个事件，老人、中年人、青少年分别如何考量、满足需要；同一个方案，不同行业的企业、不同性质的单位分别如何安排推进，都可以分门别类、具体分析。

第三，按时间周期分析。同一个事物，随着发展周期的不同，也可以分别展开讨论。如，一个项目的前期筹备阶段、重点推进阶段、总结分析阶段；一项政策的前期选取试点、中期广泛落实、后期重点突破，等等。

002 | 时刻注意对方的反应，随机应变

与人交流沟通，并不是单方面的输出，而是有来有往的分享。交流沟通的目的在于让对方认可或同意我们所说的内容，这就离不开交流沟通过程中的随机应变、见招拆招。

身体语言和微表情是最诚实的

在交流沟通中，我们当然会跟随对方的反馈回应来适时调整内容。当对方表示认可或感兴趣时，就全面展开详细表述；当对方表示反对或不感兴趣时，要及时转换表达方式或做一下解释说明。

但在实际的交流沟通中，很多人出于礼貌和涵养并不会在言语上直接回应我们。这种时候，就需要特别注意对方的身体语言和微表情。即使对方在表达上一直“嗯嗯嗯”“是是是”，也很可能只是场面上的应付，但身体语言和微表情往往才是最真实的。

一般来说，当对方对你讲述的内容表示认可并感兴趣时，会双手分开、露出胸腹等部位，同时重心向后、姿态放松，偶尔还会随着你身体姿态的变化发生相同的改变，如当你变换支撑脚，对方也会随之改变身体重心等。而当对方对你讲述的内容表示反对、不感兴趣甚至抗拒时，往往会双手抱胸、重心向前，还会伴随着频繁的姿势变化，如喝水、看手表、用手摸头或摸脖子等。当然，身体语言并不能一概而论，对于重要的对话对象，我们还要在每次交流沟通中注意观察，记录对方在各种情境下习惯性的身体语言。

同时，我们还要注意观察对方的微表情，这就需要重点关注以下三个部位。一是眼角。判断对方的笑容是否出自真心，可以看对方的眼角而非嘴角。嘴角上翘可以轻易被控制，但假笑往往并不会在眼角形成类似鱼尾纹的笑意。二是眼神。当对方认可你所说的内容时，他的眼神往往会集中在你的脸上，或寻求与你进行眼神交流。而如果对方对你所说的内容表示反对或不感兴趣时，则往往会眼神飘忽，环顾四周或看向其他人。三是唇部。如果对方抿起嘴唇甚至用牙齿咬住嘴唇，往往代表对方并不高兴，甚至有些生气。相反，如果对方唇部非常放松，则表示话题对他很友好。同时，一侧嘴角上翘等表情还可能意味着对方不赞同你的观点，甚至是轻蔑。

无论对方有何动态，都要保持冷静和自信

当我们注意到对方的反馈后，无论对方是表达了赞同和认可还是抗拒和反感，甚至是出其不意地提到了你未准备的部分，都要保持冷静和自信。随机应变才能百战不殆，过于明显的情绪变化往往会给人不太成熟的印象。

当然，我们并不是一味地要追求喜怒不形于色，但可以被控制的情绪才是好用的工具。在与别人交流沟通时，适当地表示出自己的愤怒、难过、欣喜等强烈情绪，可以增加交流的砝码。但如果情绪不受自己控制，过于激烈的情绪往往会伤人害己，让自己有理变无理，徒增自己的烦恼。

有时候，对方确实会问到自己不擅长或还不了解的领域，这种情况下也应当保持自信。人无完人，可以从自己的工作出发浅谈几句想法，并说明后续会加强学习、多加了解。落落大方、勤勉好学的态度才是最大的加分项。

转移话题需要巧妙

在交流沟通的过程中，有时候对话的话题可能是自己并不擅长甚至完全插不上话的，还可能是让自己的领导、朋友感到尴尬的，这时就需要我们巧妙地转移话题。要想不动声色地转移话题，主要有两个方法：

一是幽默化解。日本作家池田大作就曾说过：“有幽默

感的人不会让人厌烦，有幽默感的话题不会给人压力。”开个无伤大雅的玩笑是一个很好的让大家在笑声中自然切换话题的方法。但需要注意的是，每个人的接受程度不同，自嘲才是最安全稳妥的做法。如果是开他人的玩笑，一定要避开对方的缺陷、隐私等话题。

二是自然引开。当话题略显尴尬时，用反问、类比等方式都可以巧妙地予以回应。有些时候，还可以从自身经历出发，分享一段相关故事来自然地将话题引向其他方向。

003｜在演讲中需要注意的三个方面

除了私下沟通的模式，工作中我们还常常会遇到公开演讲的情形，比如工作总结、述职汇报、竞聘演讲、项目分享等。演讲时，重中之重当然是提前准备好一篇高质量的演讲稿，并提前多次试讲，以确保现场能够完美呈现。但除此之外，还有三点需要特别注意。

找到重点演讲对象

一场演讲会面对很多观众，但并不是所有的观众都是重点演讲对象。要想完成一场完美的演讲，确定好自己的演讲对象非常重要。首先，你需要了解演讲的观众都由哪些人员构成，有多少位领导分别来自哪个公司，有多少位同事分别来自哪个部门，有多少陌生人分别来自什么行业，等等。其次，需要了解演讲的观众是如何被邀请的，是定向邀约、还是自主报名？如果是定向邀约，邀请函上注明的活动主要目的是什么；如果是自主报名，公告通知上主要吸引大家报名的亮点是什么，以及是否有一些报名的限制条件。再次，需要了解活动的整体流程。你的演讲属于活动的哪个环节？整个活动的核心环节是什么？你的演讲前后分别是什么环节？只有全面了解了这些信息，我们才能精准找到正确的重点演讲对象。

在找准重点演讲对象之后，就需要根据重点演讲对象的需要，量身定制演讲的逻辑及重点，有针对性地予以强调和说明。

举例来说，如果你所负责的一项工作完成得很圆满，公司安排了一次项目分享会，你和几位同事分别总结几个项目的经验成果，公司领导及各部门同事都会参加。活动的名称虽然是项目分享会，但实际上加以分析就会知道，来参会的公司领导才是最重点的演讲对象。因此，形式上是你与同事交流分享工作经验及方法，但借此机会要告诉领导这个项目的背景、完成情况、亮点数据、直接领导的指导、自己的努力以及配合部门的贡献才是核心目的。

演讲需要丰富多彩

演讲固然是语言的艺术，但除了演讲稿、语气语调外，也不妨多用用“盘外招”，一些小技巧可以帮你“弯道超车”，让观众眼前一亮。

一是外在形象。适当地调整你的服装和造型可以有效帮助你拉进与观众的距离，并帮助你更好地开场。举例来说，完成传统文化相关的演讲时可以戴个发簪，与农业相关的演讲中可以带个麦穗图案的胸针，如果是到其他城市做演讲则可以穿一些有当地特色元素的衣服。这些小细节都可以在演讲中以适当的形式加以说明，自然地带动演讲氛围。当然，需要注意服装造型要符合活动风格，不能格格不入，更不能过于浮夸。

二是演讲内容。除了单纯的语言表述外，如果场地条件允许，可以采用播放幻灯片、展示图片表格、播放视频等形式，图文并茂、生动活泼地展开讲述。即使没有多媒体设备，也可以打印几张彩色图片，现场展示给观众并做以辅助说明。如果演讲的内容有相关的实物展示，也可以带到现场，分发给观众轮流传阅，增加说服力。同时，在演讲的过程中也可以增设互动问答环节，甚至现场模拟表演一段情境，这些手段都可以让演讲更加生动活泼。

“投其所好”，感染现场

演讲是人与人交流沟通的艺术，要根据观众的喜好和反响实时调整，只有“投其所好”，才能感染现场。一模一样的演讲并不能打动大江南北不同行业领域的所有人。

首先，要用观众喜欢的语言讨论观众感兴趣的事情。演讲态度不能高高在上，演讲内容不能隔行隔山。只有根据观众的情况转换演讲思路，从与观众密切相关的角度切入演讲内容，才能真正让演讲内容“入脑入心”。

其次，演讲需要加入情绪。白开水式的平铺直叙只会使人昏昏欲睡，只有演讲者自身情绪有起伏才能带动观众的情绪。只要自己的情绪表达是自信、亲和且真实的，就一定可以感染观众。但需要注意的是，情绪可以适当地夸张，但不可虚伪油腻，以免过犹不及，反而惹人反感。

再次，在任何场合均需保持谦逊。在对演讲内容足够自信的同时也要保持谦逊。现场的观众中很可能藏龙卧虎，在表达观点时要留有余地，在演讲的最后要欢迎指正和交流，即使面对质疑和否定也要落落大方，可以在之后加以查证和回应。

004 | 脱稿演讲的三个关键因素

在演讲时，脱稿演讲由于不需要频繁看稿，可以有更多的现场互动和眼神交流，更能够体现演讲者挥洒自如的自信，效果自然更好。而要做到脱稿演讲，主要有如下三个关键因素。

要有一篇适合脱稿的稿件

脱稿的前提是对稿件主要内容熟记于心，这就需要一篇适合脱稿的稿件。这样的稿件需要符合以下三个特点：

首先是逻辑清晰。结构是内容的载体，只有稿件内容条分缕析、逻辑明确，才能够顺着逻辑记诵内容，而非死记硬背。在梳理逻辑时，还可以使用思维导图等辅助工具。

其次是结合实际。只有发自内心的分享和自然流露的感情才最为真挚自然。在准备稿件时，也可以多从自身的工作内容和心得体会出发，以讲故事的形式分享自己的真实经历和感受。只要发自肺腑，自然能够讲得自然流畅。

再次是具有“现场感”。稿件中可以增加提问和互动环节，还可以适当提及现场的某位领导或同事。一方面可以在这些环节增强互动，吸引大家的注意，加深观众的记忆，提高演讲效果；另一方面也可以让这些人成为“提词器”，当在现场忘词时，看见这个人就会想起来互动内容，即可以从互动开始接上后续的演讲内容。

提前试讲，做足准备

演讲不只是“讲”，也需要“演”，一场打动人心的演讲一定是带有表演性质的。如果你并非专业主持人或经验非常丰富，那就不能指望依靠现场反应形成演讲亮点，而是要提前设计规划，做好万全准备才能现场不慌不乱。

在正式演讲前，不只需要记忆稿子要点，还要提前试讲。试讲并不是全文背诵演讲稿件就万事大吉，而是要反复演练，逐渐摸索最优美的停顿、重音、手势。在试讲时，还要专门计时，基本掌握讲完每个段落所耗费的时间。这样在现场演讲时，如被提醒剩余时间，也不会慌乱紧张。如果现场有突发情况，也可以适当增减内容，将演讲时长控制得合理、自然。

如果有条件，还需要提前到演讲的会场或会议室看一看，实地进行试讲。提前了解演讲席的高度、与电子屏的角度、与观众的距离等，可以有效缓解正式演讲时的紧张，在与观众互动时更加自然。

同时，还可以邀请关系好的同事朋友通过在互动环节加以回应、在演讲结束后率先鼓掌等手段带动现场气氛。

保持自信，临场救急

脱稿演讲作为一种即兴的艺术，一定会面对观众及现场的各种临场突发状况。这时候，就需要集中注意力，保持自信，以真诚、亲和的态度临场救急。

如果临场忘词或说错了一句话、一段话，一定要保持自信，继续演讲。如果逻辑允许，可以在下一段落补充或纠正；如果不行，那就继续演讲到结尾即可。要知道，一场演讲是一个整体，一句话、一段话的错漏绝不会导致满盘皆输。同时，还可以提前准备手卡，放在演讲席上备用。如果确实过于紧张或忘词严重，也可以落落大方地看上一眼，再继续演讲。即使是实在无法脱稿完成演讲，也可以用一句幽默的话加以说明，改为看稿演讲也无妨。要记住，自信完整地完成演讲才是最重要的。

如果现场发生了突发状况，也要冷静自信、恰当应对。当有人打断你或反驳你时，可以适当地加以解释，再继续演讲。如果对方反复纠缠，可以提出留个联系方式后续详细沟通，先完成面向所有观众的演讲。当现场多媒体设备或灯光、麦克风等出现问题时，冷静地等待工作人员调试即可。即使无法调试完好，也可以加以解释并继续演讲。当现场出现哄闹时，可以用幽默的玩笑或自嘲重新吸引大家的注意。如果发生了实在不知道该如何处理的重大突发情况，也可以及时求助主持人或活动组织者。等到对方处理好后，再回到演讲席加以简单的解释说明，之后简单总结自己演讲过的内容，再继续后续的演讲。总之，要以顺利完成演讲为核心目的，所有的临场突发状况均是插曲。

第五章

面对提问，巧妙回答

如何回应别人的提问，充分考验着说话者的应变能力和语言艺术，如果措辞不当，可能会引起其他的误会或矛盾。本章针对不同形式的问题梳理了多个回答技巧，帮助大家应对不好回答的问题。

001 | 真诚是万古不变的真理

对于职场人来说，领导在分配任务或者谈话时，判断你是否能胜任的主要因素就是你的态度。因为每家公司都相信自己的招聘标准，相信自己招聘的员工都是可塑之才，本身就意味着员工能力不会太差。但这并不是你恃才傲物的本钱，因为你身边的同事同样能力不会太差。所以，如何能打动领导，让他能够放心将任务交给你，则成为你走向成功的第一步。

网络上流传着这样一句话：言辞真诚方能打动人。其实无论是在日常的人际交往中，还是在演讲、发言中，真诚的语言往往是最能打动人的。巧妙地运用充满真情实意的话语，可以促使说者与听者产生情感共鸣，可以使双方的关系变得融洽，从而营造出一种良好的沟通氛围，赢得广泛的认可，为成功创造有利的条件。

说话首要真诚

有些人总想着在领导面前表现自己，无论领导安排什么任务，都会先抢到手再说；在领导面前夸夸其谈，把自己说得无所不能，以为这样就能给领导留下好印象，而自己的晋升也就指日可待了。但实际上，领导在职场历练多年，对于一些人的做法早已了然于心，并不会因为你说几句好话就能改变看法。而且长此以往，还会在领导心里留下不务实的印象。

面对领导的提问，即使不懂不会，也不要妄图从语言上糊弄过去，说出一个谎言，需要用无数的谎言来掩盖，而其中任何一个谎言被揭穿都会让我们所有的谎言破碎。所以，在和领导、同事沟通时，不妨直接说明自己的情况，坦诚相见才能提高效率。或许我们失去了这次机会，但也会给领导留下坦率、真诚的形象，同时意识到自己的问题所在之后也有了弥补提升的时间。

例如，在一次汇报会上，领导突然说："小张，你对××部门去年的工作报告是怎么看的？"虽然那些工作报告几周之前就公示出来，但实际上你根本没有看过，只是道听途说一些内容。这种情况下，与其东拼西凑地瞎说，不如如实向领导说明情况："对不起，李总，最近有一个项目收尾工作，一直没来得及看，请您给我一点时间，明天下班前，我给您一份书面报告。"

这样的回答，一方面说出了自己的实际情况，的确是有些地方没有做到位；但从另一方面来讲的话，你反而又有了一次和领导对话的机会，而且你有充足的时间来做一份内容较为详细的报告，肯定比你当时现场回答要好得多。

面对缺点要真诚

人无完人，一旦领导点出了你的问题，那么我们首先要做的是表示感谢，坦然面对我们自身的问题。从领导的角度来说，直接提出你的问题，可能是你的缺点即将会影响接下来的工作，不利于你的发展。但换个角度来说，如果在领导眼中，你没有值得培养的地方，那他就不会提出你的缺点。所以，无论是领导让你说说自己的缺点，还是直接点明你的缺点，都不要急着否认自己的缺点，而是坦率承认自己的缺点。仅仅是承认缺点，那肯定还是不够的，最重要的就是向领导表明自己一直在克服这个缺点。这样不仅说明你是一个认真的人，还说明你对自己严格要求，有正确认识自己的能力，还有努力改正缺点的精神，这也可以让领导对你有更加全面的认识。

身处职场之中，犯错误总是难免的，毕竟“人非圣贤，孰能无过”，但是人们更加重视对方犯错误后的态度。所以，出现错误时，我们首先要坦率承认、真诚道歉。你道歉的时候态度要真诚，别人就会及时原谅你。相反，有的人在犯错时态度极差，道歉时让人看不到一丝真诚；有的甚至根本就不道歉，只是一味地为自己辩解，结果只会使彼此之间的裂痕越来越大。

在工作中出现纰漏或错误时，不要急着去推卸责任，即使不是自己的主要问题，也会有监管或配合不力的连带责任。而且无论是领导还是其他同事，一旦意识到有问题时，必然会带着情绪来找相关责任人。这时候，我们就需要先坦诚面对问题，然后再说明对于错误的理解和认知。

值得注意的是，真诚并不是过于诚实，本节中所说的“真诚”就是从自身出发，对自己的实际情况做全面分析，而在对其他人的评价方面，还需要委婉地表达。例如，领导慷慨激昂地发表长篇大论，但我们并不认同他的说法。于是，待到我们发表意见时，极为诚实地表达了自己的观点，没有调查核实情况，就全面否定了领导的说法，以为这样就能得到领导的赏识、同事的尊重，殊不知，这样的举动反而会将自己推向另一个深渊。这种“真诚”的言论不会打动任何人，反而会真切地得罪人。不仅得罪了领导，连身边的同事都会远离你，防止惹火上身。

002| 让对方说“是”，你就赢了

销售行业有一个技巧——让对方说“是”，你就赢了。这句话最早源于世界著名销售大师托德·邓肯，他在和客户沟通时发现，只要让自己的客户每一个问题都回答

“是”，那就会大大提高成交率。而后美国心理学家阿弗斯特在其《影响人类的行为》一书中也做了相关方面的论述：“一个‘不’的反应，是最难克服的障碍。一旦一个人说出‘不’以后，出于自尊心，他总是会固执己见。可能过后他会觉得当时的‘不’是不恰当的，然而当时他必须要坚持。所以，一开始使人采取肯定的态度极为重要。”这种沟通的技巧同样适合我们同领导、同事去谈论问题。

“好的开始是成功的一半”，要想说服他人，开始的工作也极为重要，我们要想方设法地使对方在一开始就说“是”。这是因为，如果在说服过程的开始，对方就产生否定心理的话，那就容易形成先入为主的障碍。而且，他的自尊心或爱面子心理也会不由自主地要求他将“不”字坚持到底，这时再想说服他难度就非常大了。所以，在一开始就要使对方表达肯定的态度。

那么，如何让领导一开始就认可你、对你说“是”呢？不妨参考以下三点。

与领导交谈时要做到语言同步

中国有句古话，“话不投机半句多”。如果领导感觉与你交谈有分歧，当然接下来就会说“不”了。那么如何与领导实现语言同步呢？首先就是要掌握领导前几句话中经常用到的词语，把握领导的语言特点，然后用相同或相似的语言与之沟通，以产生很好的语言感召力。比如，领导提到“××项目对公司太重要了”，那么我们就要从××项目入手，找到共同语言，使谈话能在良好的氛围中继续下去。

与领导的思维要逻辑同步

我们如果想和领导找到共鸣点，就必须先进入领导的思维逻辑，用他的逻辑来沟通，然后有力地传达我们的信息，减少对方说“不”的机会。领导认为这个项目不对，主要从风险大、见效慢、专业性不高来考虑，那么我们就可以从风险角度、成果角度以及专业能力上进行分析，逐步提高领导心理的预期。

多向领导提出一些封闭式问题

这是很关键的一点，与开放式问题相比，当我们向领导提出封闭式问题时，更能得到肯定的答案。这是因为，开放式问题是指那些没有明确指向性的问题。比如，“您是如何考虑这个××项目的”，如果我们这样向领导提问的话，那么领导很可能会说“主要有三点，第一点……第二点……第三点……”。但如果我们在提问的时候给领导限定一个范围，比如“从时间的角度来说，咱们是不是可以快速完成××项目”，这就是封闭式问题。当我们这样问时，领导就会被我们的思路所牵引，从时间的角度思考这个项目。然而不管领导如何回答，对于对我们来说都是肯定式回答，因为在无形之中，领导已经在思考这个项目的可行性。所以，当我们和领导意见不统一时，要尽量运用封闭式问题来把握交谈的方向和内容，让领导用“是”来回答问题。

其实，销售策略和沟通技巧的本质是一样的，都是要在言语上和对方达成共识。我们一开始就让领导说“是”，把领导引导到肯定的方向上来，使下面的谈话变得更容易，从而轻松达成我们的目的。

003 | 幽默是一种灵活机智的交流方式

其实大部分职场人士在工作中都是偏严肃认真的，用幽默机智的方式来交流的场景并不多。不过，在一些场合，我们可以用幽默来表达自己的观点和立场。幽默表达并不是像小丑一样在众人面前进行滑稽的表演，而是在智慧思维的基础上，以优雅的风度来呈现我们的睿智，能够让人心情愉悦。而且幽默能够体现一个人深刻的生活体验、敏锐的洞察力、丰富的想象力、良好的素养与语言表达能力以及乐观的情绪。但如果只是一味地借助讽刺他人而使自己或者周围人畅快，却忽略了被讽刺者的内心感受，这样的幽默反而会给别人带来厌恶和反感。

用幽默来缓解尴尬

工作中不可避免会出现类似“领导夹菜我转桌，同事休息我放歌”的尴尬事，这些事情可能就是在不经意间发生的，让我们措手不及。一旦发生了这种事情，那么我们必须在短时间内给予反馈，才能让对方平复心情。

比如在会议上，领导正在讲话，而你的手机铃声毫无征兆地响了起来，虽然你第一时间关闭了声音，但所有人都向你看过来，领导也停止讲话看着你。这时候你应当怎么办呢？可能领导并没有在会前声明把手机调成静音，但这毕竟是不礼貌的行为。这种情况下，如果只是一味地说“对不起”“不好意思”“我不是故意的”“下次不会了”这一类的话，是起不到什么作用的，因为事情已经发生了，再说这些不痛不痒的话是于事无补的。

所以，这个时候，你可以带着歉意说：“哎呀，实在抱歉，领导讲得太好了，合作伙伴一个劲儿地打电话，想要过来听一听。”或者说：“听领导讲话太激动了，手机都开始兴奋了。”

借助这种幽默的道歉，巧妙地将尴尬掩饰过去，也没有给自己的错误找理由，反而突出领导讲话的效果。领导虽然有些恼怒，但在这种别出心裁的夸赞中，也会平复情绪，不会再在这种小事上浪费大家的时间。

学会自嘲，降低对方防备心

其实自嘲往往用于双方初次见面或还不熟识的阶段。

通常来说，双方在互不熟识的时候，会对沟通保持一定的戒备心或者自我保护，这都是由于双方的认知偏差所造成的信息不对等。而自嘲的优势就在于，在双方见面沟通中以主动暴露自己的“弱点”，引起对方的好感，使对方降低戒备心理，从而营造一个舒适的沟通氛围。什么是自嘲呢？自嘲就是主动暴露你的弱点给别人看，在这个过程中你会让受众产生优越感，从而让沟通变得更加轻松。当然，自嘲不仅仅可以用在双方初次见面不熟识的阶段，也可以用于多种场合。当你莫名其妙地被别人当作取笑对象时，你也可以接过对方打趣的话头，来个以退为进，主动自嘲，从而营造一个轻松幽默的氛围。

出乎意料，给人制造冲突感

我们在与他人沟通的时候，幽默感通常也需要创新。缺少新意的幽默就如同陈词滥调，不能长久地引起人们的兴趣，而出乎意料就可以算是沟通中的幽默创新。其重点在于语句前后矛盾让人出乎意料，给人制造一种冲突感或意外感，从而让人发笑。

相声演员郭德纲就有这样一句自我介绍："床前明月光，疑是地上霜。举头望明月，我是郭德纲。"类似于这种在前后矛盾巨大的语句，就是要给听众一种巨大的惊喜和出人意料之感，从而引人发笑。这种沟通的技巧更像是一句脑筋急转弯，需要一定的思考和推论，看似临场发挥，其实需要极强的自我训练。这看似是一种无厘头，却可以得到合理的解释。这种技巧的幽默之处就在于先让受众形成一种明确的语意情境，然后突然转向，亮出一个出乎意料的结果。

一语双关，内涵幽默

双关就是利用语意或语句上的联系，故意使一个词语关系两件事情，从而具有双重意义。比如，我们常常在年画上看到一个胖小子抱着一条大鲤鱼，这其中就含有双关。"鱼"既可指代鱼，也可指代年年有余，这就是双关。双关可以造成言在此而意在彼的效果，令人回味无穷。善用双关语，可以曲折地表达感情，使语意含蓄，让语言也可以更加幽默、诙谐。

一语双关，可以产生让人捧腹的效果。这种方法简单易学，还可以随时随地发挥。所以，在与人交谈的时候，不妨开动脑筋，活学活用，只要认真揣摩，你就能发现生活中随处都有借机发挥的幽默。

004 | 面对突发情况，懂得随机应变

无论是工作中，还是生活中，我们在聊天或者交际中，总会有让我们意想不到的事情发生。可能是领导不经意的随口一问，也可能是突发事件，总会让人措手不及。面对这种情况，有些人能够应对自如，及时化解危机，而有些人则只会手足无措，不知做什么好，一脸尴尬。其中一个很重要的原因，就是你是否具备随机应变的能力。

被领导当众反驳

举一个例子，在项目讨论会议上，你正在说着自己的看法和观点，这时领导突然插嘴说："小陈，你这个观点有点偏差。"你会怎么做？停止发言，愣在原地，还是直接反驳，说出自己的想法？

其实这两种方式都不合适，领导直接提出对你的看法之后，那么我们首先应考虑自身观点是否合理，如果合理的话，那么你要思考领导是从哪个角度判断出这个观点存在不合理性。我们可以语气平和地反问："经理，您是指哪个方面有偏差？"

这就是随机应变的能力，是人们对突发事件迅速做出反应，并巧妙解决问题的一种能力。而在我们日常交往时，面对一些突发情况也可以用这样的方式来避免尴尬。由于在这些突发事件中，我们并不能够预测事件的发生，所以需要采取不同的应对措施。

突然被安排工作

如果领导突然给你安排了某项工作，并且和你现在的任务有冲突。直接拒绝的话，势必会伤了领导的面子，而且还可能打乱领导的整体部署，那么我们可以用另外一种方式应对。

“经理，我仔细看了一下这个工作，如果我来做的话，可能存在 ×× 方面、×× 方面的短板。如果要完成这项任务的话，可能需要较长的时间，需要 ×× 资源、×× 部门的协助和支持。”

如果你这样回答领导，并没有直接拒绝，而是将可能遇到的问题摆在明面上。此时，领导也会重新思考这项工作如果交给你的话，能不能在规定时间内完成，会不会影响整体的进度。

无论是领导还是同事的临时性要求，我们都是有权力拒绝的，但需要婉拒，不能伤了对方的面子。如果实在没法当面拒绝，那么你可以说：“经理，对于这个新任务，我回去看一下我的工作计划，下午给您回复。”

给部门找问题

有时候公司团建或者聚餐，大家兴高采烈之时，领导突然问你：“你看咱们部门还有什么做得不好的地方，有什么缺点？”如果领导这样问，多半是发现了一些问题，而且想要看看你对这些问题的看法。

这种情况下你的回答就需要运用一点技巧，不能把你知道的所有问题都和盘托出，因为你站的角度不同，可能看待问题的角度也会产生偏差，有些问题的根源可能在部门领导身上，而且如果你提出的问题过多，会让领导认为你对部门积怨已久。但你也不能一个问题也不说，你只说部门的好，反而会让领导认为你是一个虚伪的人，给领导留下一个不值得信任的印象。

正确的做法是，你先提出一个很容易解决的小问题，试探一下领导的反应。

如果领导对此表示重视，并且开始思考解决方法，那么你就不要再继续提意见了，等待这个小问题解决之后再继续反映下一个问题。如果你提出了一个小问题，领导不以为然，并说出了他的问题，那么我们就需要在他提出的问题上思考解决办法。

下篇｜实战篇——刻意练习成为讲话高手

下篇作为实战篇，准备了职场人在日常工作中经常遇到的五种场景，来进行分类细说。为职场“小白”备好第一手资料，以解燃眉之急。

第一章

如何应对竞聘演说

竞聘演说是职场人必备的演讲技能之一，是我们获得晋升的重要方式之一，如果能在竞聘演说上征服评委，拿下心仪的岗位，就会助力你实现更多的职场成长。

001 | 准备充足，不打无准备之仗

竞聘岗位的流程

如今，竞聘上岗已经成为众多企业最常见的优秀人员选拔方式之一。公开竞争，择优选聘是企业人才选拔制度的一条重要原则和表现形式。而在公开招聘管理人员的整个环节中，竞聘演讲则是非常重要的一环。在竞聘实践中，很多人的竞聘演讲稿写得不够规范，准备不够充分，非常影响整体的竞聘效果。因此，写好竞聘演讲稿、做好竞聘演讲是摆在每一个职场人面前的重要难题。

从竞聘的流程来说，每一次竞聘上岗大致都需要经过六个环节：制定并公布实施方案；报名与资格审查；组织笔试、面试或实践操作考评；民主测评，人力资源部门考察；公司领导讨论决定；办理任职手续。

而在这六个环节中，只有笔试和面试是每一位竞聘者亮出真本领的舞台，笔试是对竞聘者基础能力的考察，相对来说是考察你的能力下限。而面试，也就是竞聘演讲，才是考验每一位员工的综合能力。因此，想要在众多竞聘

者中脱颖而出，那就需要在面试上下功夫。这也体现了竞聘演说的重要性，竞聘者想要成功上岗，那么竞聘演讲将是最重要的一环。

对于竞聘者来说，竞聘演讲稿能够较为全面地反映出竞聘者的基本情况和职业素养，是人力资源部门用以考核员工的重要档案资料，也是其能够被聘用的重要文字依据。竞聘演讲是公开招聘管理人员的整个过程中至关重要的一环，竞聘者要想“中标受聘”，演讲稿将起到关键作用。

竞聘成功的方法只有一个，但失败的原因却是多种多样的，很多人明明能力很强，但在竞聘演讲中表现不佳而失去了宝贵机会，等待下一次机会不知又要过去多少年月。所以，我们要对竞聘演讲有一个全面的了解认知。

了解竞聘演讲

我们了解了竞聘演讲的重要性之后，就要认真对待竞聘演讲，将每一个细节地方都打磨得无可挑剔。

虽然不同的行业或企业竞聘演讲要求不尽相同，但不外乎有以下几点：

一般的竞聘演讲时间都在 5~10 分钟，并不是时间越长越好，过长会让评委心生厌烦，过短可能无法将自己的优势展示出来，所以七八分钟最佳。

如果以 8 分钟的演讲时间来计算，正常人语速大约是

180 字 / 分钟，所以我们需要准备一篇 1700 字左右的演讲稿。

如今的竞聘演讲应用非常广泛，几乎所有的规范企业都采用竞聘上岗的方式来选拔管理人员。虽然演讲内容不尽相同，但万变不离其宗，竞聘演讲的结构都大同小异。一般来说由五部分组成。第一部分：讲述自己竞聘的职务和竞聘的缘由；第二部分，介绍自己的基本情况，比如年龄、专业职称、学历、现任职务等。第三部分：讲述自己的优势，比如业务水平、工作能力、专业特长等；第四部分：讲述自己竞聘成功之后的工作计划；第五部分：阐述自己竞聘的决心和请求。这五个部分，我将在后文中详细分析，在此不做赘述。

一般的竞聘流程是先由主持人开场、介绍领导和评委、宣布竞聘目的和任职条件；然后介绍竞聘人员的姓名、目前岗位、入职时间、工作经历等基本信息。介绍完之后，竞聘人员入场开始上台演讲。其他的竞聘演讲人员则在其他房间等候，待第一位演讲者出来或者听到主持人的召唤，第二位演讲者再上台演讲，以此类推。而竞聘者的演讲顺序则按照抽签结果决定。

轮到你上场之后，主持人与你确认无误，即宣布演讲开始，同时开始计时，有的企业不需要计时，而有些部门可能对时间把控得比较严格，一旦时间到了之后，演讲者就不得再发言。演讲完毕后，评委则会对你进行提问，有些企业则会提前设置标准问题题库，提问环节中随机抽取几个问题来提问。回答完毕之后，演讲者退场，评委将对其进行打分。

提前准备相关资料

一般来说，重要的演讲不会当天通知你，而像竞聘演讲这样重要的演讲更是可能提前几个月就发布了相关通知。所以，我们有非常充足的时间去收集、整理资料。我们要提前准备好资料，包括演讲稿、演讲所用幻灯片、问答材料以及演讲服装等，甚至有些人还报告参加一些辅导班来强化自己的能力。在准备的过程中，我们就可以尝试写演讲稿，并且将其作为一项重要工作，每周固定时间去完善整理，一来是避免遗漏，二来是形成肌肉记忆，让我们从容应对。

在准备资料时一定要认真阅读竞聘通知，不要遗漏重要内容，也不要画蛇添足，如果不需要准备幻灯片，那就不要在上面浪费时间。

提前了解评委

在大多数情况下，竞聘演讲的评委大多由公司领导和各相关部门领导担任，而且在竞聘演讲的通知中也会将评委名单公示出来。熟悉评委，了解他们的所思所想是成功与否的关键。当然这里的“了解评委”并不是投其所好、暗箱操作，而是从评委的岗位出发，站在他们的立场来考虑竞聘岗位的深层意义，避免出现评委提问自己却不知道该从什么角度来回答的情况。

除此之外，有的竞聘演讲还会有外部评审专家、员工代表、供应链伙伴等很多听众，他们也会有提问的权利，所以在准备材料的时候，要尝试站在他们的角度去充分考虑。

反复打磨每一处细节

当我们将演讲资料准备充足之后，就需要一遍遍地练习演讲，打磨其中的细节。练习不是单纯地背诵演讲稿，而是将你从进入会场到演讲结束走下讲台的全过程都做细致排练，设想如果出现特殊情况时，该如何快速应对；面对评委的提问，该如何回答等，确保每一处细节都能考虑周到。

演讲前，最好要反复修改讲稿，做到烂熟于心，先可以在自己家里、熟人面前试讲一番，看哪些语言需要修改，哪些段落需要调整，直到任何人都能听懂并抓住你的主要观点。小范围试讲成功后，对自己的信心是个极大的提高。

002｜条理分明，明确内容主次

演讲稿的结构

虽然竞聘演讲各不相同，但万变不离其宗，演讲稿的格式和结构是不变的。下面我将对演讲稿的常见结构一一解析，常见的竞聘演讲稿有“称谓和感谢”“自我介绍”“展示优势特长”“阐述工作计划”“决心和致谢”五部分组成。

一是称谓和感谢。

在上台之后，首先要向台下的各位评委以及嘉宾问好，并向他们致谢，虽然所有竞聘者的“称谓与感谢”部分都大同小异，并不能直接给自己的表现加分，但如果遗漏的话肯定会给评委留下不好的印象。而这部分也是简要为主，一笔带过即可。

例如，“尊敬的各位领导，各位评委以及在场的所有嘉宾大家上午（下午）好，首先感谢大家给我这个机会来这里参加竞聘。本人这次竞聘的岗位是 ××× 一职”。

当然这里也可增加一些自己对于“这次机会”的理解。例如，“我认为能够参加这次竞聘本身就意义重大，并希望能够通过这次竞聘锻炼自己，看到他人的长处和自己的不足，让自己在今后的工作中能够得到提高”。接下来，你就要讲述自己竞聘的职位和自我介绍。

二是自我介绍。

自我介绍主要讲述自己的基本情况，这部分主要是以平述的方式，只讲述跟岗位要求相关的内容即可，啰里啰唆地说一堆没有用的，反而会成为减分项。

例如，“本人今年 38 岁，中共党员，本科学历，现任 ××× 销售主管”。但不要说“本人今年 38 岁，中共党员，爱好看书、跑步，现任 ××× 销售主管”。从岗位要求来说，“看书、跑步”虽然是好习惯，但与岗位职责并没有什么必然的联系，所以没必要放在竞聘演说中。

从时间上来说，“称谓和感谢”和“自我介绍”两部分要控制在一分钟之内，语言要简洁精炼，为后面主体部分留出充足的时间。

三是展示优势特长。

这部分是竞聘演讲的重点之一，也是增加演讲竞争性的重要内容，因此要格外重视。一般来说，你的优势可以从综合素养、工作能力、业务水平等方面来体现。

例如，“本人于 2018 年通过竞聘担任销售部网络平台销售主管，期间参加了两次新产品发布会，任期内没出现过任何较大的差错。由于工作积极态度认真，于 2022 年被公司评为年度优秀员工”。

简单来说，优势特长就是你凭什么能够应聘这个岗位，在这部分内容中，你的工作经历和优势是重心。但这里要注意一点：不要对自己的优势过度吹嘘。

一方面，参与竞聘的人很多，其工作能力和业务水平也相差不多，单纯平述自己能力的话无法与其他人拉开差距，无法从众多的竞争者中脱颖而出。

另一方面，每一个领导都不喜欢自己的下属吹嘘自己，尤其是已经知根知底的下属，这会让领导认为你不诚恳不老实，领导们更喜欢听有思想、有实际意义的内容。

四是阐述工作计划。

要讲述假设自己任职之后的工作计划，这部分也是重点之一，工作计划是评委了解你对竞聘岗位的认知理解以及工作能力的主要窗口。而评委更多地也是基于这部分内容，对你的任职能力进行评判。所以，无论是在准备演讲稿，还是演讲现场，这部分都是重中之重。

例如，如果本人竞聘成功，将做如下努力：

首先本着以服务助力销售的工作原则，整理出一套标准化的服务指南，从而解决客户的各种问题；其次要优先发力直播营销，打造畅销爆品。

与“展示优势特长”做比较的话，“阐述工作计划”就是假设“我”成功入职之后打算怎么做。很多人会将自己具体如何工作表述出来，但如果都是千篇一律，那么你反而没有优势。

一般来说，工作计划可分成两部分来写，一是写清楚具体事项。比如，“如果我竞聘成功，那么我会从三个方面来完善工作：第一，制定好月度、季度、年度的销售工作计划；第二，工作落实到人，签订业务责任书，保障项目顺利进行；第三，制定工作标准制度，严抓工作落实情况”。这样写出来的工作计划会更加具体化、条理化。反之，如果只是写了“我要制定计划、能力工作，严抓落实”，就会显得很空洞。

二是对整体工作有明确的落地计划。比如，“按照我的计划，第一年我们将完成……让整个部门取得 ×× 成绩；第二年我们将……”。这样的工作计划一定要能够落地执行，而不能让领导认为我们是在开“空头支票”。

“展示优势特长”和“阐述工作计划”是演讲的主体部分，是竞聘演讲的关键内容，直接影响到我们能否竞聘成功，所以无论是写演讲稿件还是上台演讲都需要精心打磨。

五是决心和致谢。

其实这部分就是向评委们展示决心的环节，让评委们相信自己能够做到上面那些事情，也相当于拉票环节。

例如，“毋庸置疑，在各位领导和同事面前，我学识浅薄，管理能力欠缺，不过我有信心，做好新岗位的工作，我希望能够得到大家的肯定，站在更高平台上，一起为公司发展做出更大的贡献。谢谢大家”。

除此之外，如果竞聘现场条件允许，竞聘者也可以制作一个精美的幻灯片，配合着幻灯片的演示来进行演讲，有助于提供演讲效果。

撰写演讲稿的原则

演讲稿是竞聘演讲成功的主要保障之一，整理撰写一篇优秀的演讲稿，是每一位竞聘者需要重点完成的任务之一。从内容上来说，我们在写演讲稿时，要坚持“四个原则”。

一是材料的真实性和实用性。

在收集竞聘演讲资料时，所选用的材料需要保证两个前提，一是选择对自己有利的材料，二是材料要符合实际情况，不能臆想。竞聘演讲虽然是在推销自己，但本质还是公平竞争，并不是靠嘴皮子比谁能“吹”，所以要从实际出发。台下很多评委和听众早已经对我们的工作能力、工作业绩等基本情况有所了解，在这方面弄虚作假是没有意义的；针对竞聘岗位的基本情况大家也都比较清楚，因此我们在查找资料时首先就是要确保它的真实性。

所谓实用性，就是我们所呈现的材料必须围绕着竞聘岗位，不能列举不相关的内容。比如，你应聘人力资源经理，却对10年安全行车几万公里大讲特讲，不但浪费时间，反而会引起评委的反感。

二是内容的条理性和逻辑性。

在写竞聘演讲稿时，一定要注意条理清晰，主次分明，尤其是在写“优势特长”和“工作计划”这两部分时，一定要按照合适的逻辑顺序来撰写，既能突出自己的特长和优势，又能节省大量的篇幅。如果竞聘者信马由缰地想到哪讲到哪，就会让人听得一头雾水，不知所云。在讲述自己的优势特长时，可按照自己的工作履历来讲述。但是千万不要写成流水账，比如“我工作了六年，第一年做了哪些工作，第二年做了哪些工作”，面对这样的介绍，即便你的工作能力很强，领导也会认为你的总结能力不强。

而在讲述任职之后的工作计划时，也需要有条理性和逻辑性。例如，“首先我将做哪些事情，制定哪些整改措施；其次……”，最后再有一个总结性展望，比如“一年内我将要达到什么样的结果”。

三是目标的准确性和单一性。

相比其他的演讲，竞聘演讲的目的很明确，就是展示自己能够胜任岗位的能力，所以在写竞聘演讲稿时需要明确这一目标，内容上主要突出本人的专业素养和针对竞聘岗位的工作能力。千万不要在演讲中谈古论今，说长道短，在展示工作能力时，不要对与岗位职责无关的能力大说特说，即便你的某一项能力非常强，但如果和岗位不相干也没有展示的必要。而且，你的竞聘演讲稿需要以“我”为核心，不要涉及其他的因素，不需要对其他因素进行讲解，如岗位背景、上一任的任职情况等。

四是语言的中立性和准确性。

在写竞聘演讲稿时，要注意用词准确和导向中立，在写工作计划时，不要指出具体人的具体问题，例如现在的某某部门全员懈怠，上班迟到、下班早退等；更不要将矛头直指某个人，例如在之前某某某任职期间，犯过哪些重大错误；更不要有“第一步就是替换现有的人员”等言论。这一类内容看似一针见血地指出了问题，但很容易给评委留下否定一切、唯我独尊的印象。

而在谈论自己的优势和能力时，不要用贬低别人的方式来衬托自己，在形容自己的能力时，要做到精准客观，不夸大也不掩盖。

003｜细节决定胜败

竞聘演讲虽然是面试的主要一环，但一些小的细节往往会决定着你能否竞聘成功。我前面讲到，从你走进会场的那一刻起，演讲就已经开始了。如何进入会场、如何上台、如何和评委打招呼等，很多细节地方都会成为你的加分项；如果把握不好，就会在评委面前留下不好的印象，很容易影响你的面试评分。

演讲着装要得体

大多数竞聘演讲并没有对竞聘者的着装有明确的规定，但人靠衣装马靠鞍，历来的传统都是无论出门做客还是在家迎客，总是要换上整洁体面的衣服，以示敬重。而在竞聘演讲上，整洁的着装除了能够给人一种庄重的感觉，还表示出对评委的尊重，增加评委的好感度；而穿着随意、不修边幅则表现出对听众不够重视。

在电影《当幸福来敲门》中有这样一个片段：史密斯饰演的加德纳在面试时，虽然他凭借着机智幽默为自己赢得了机会，但面试官还是提出了一个严肃的问题："如果有个人连衬衫都没穿，就跑来参加面试，你会怎么想？如果我最后还雇了这个人，你会怎么想？"无论是电影的剧情设计，还是现实场景，当你穿着不得体的衣服出现在评委面前的时候，那么评委的注意力就会被那些不和谐的因素所吸引，即使你表现得很优秀，也依然会给评委留下不好的印象。不过，加德纳再一次用幽默巧妙的回答解决了这个问题，而面试官们也已经猜想到了他的窘迫，所以才会留下他。但电影毕竟是电影，现实中不合时宜的着装只会给你带来负面的影响。

对于竞聘者而言，服饰不必过于华丽昂贵，只需要整洁大方、庄重朴素即可，过度的穿戴打扮反而会转移评委的注意力，起到相反的效果。因此，在衣着搭配上，要注意协调和谐。例如，身材较胖的人可以穿一些竖条纹的衣服，体型较瘦的人可以穿一些横条纹的衣服；皮肤较黑的人穿一些颜色稍浅的衣服，反之皮肤较白的人可以穿一些深颜色的衣服。

而在衣服的选择上，有一个“三子”的原则，那就是衣服要有领子、有袖子、有扣子；而在颜色上有一个“三色原则”即衣服的颜色种类不能超过三种。

例如，女性可以搭配真丝上衣、灰色西装裤（裙）和设计简单的高跟鞋；男性可以搭配白色或浅色衬衫、带皮带的西裤、黑皮鞋。

调整好心态

竞聘演讲不同于其他的演讲，能够在一定程度上决定你未来的职场发展方向，所以绝大多数人都会非常重视。但越重视心里就会越紧张，即便是准备得再充分，一旦中间出现了一点小纰漏，就会紧张得忘记接下来的事。所以，在竞聘演讲过程中，我们要放松心态，控制紧张情绪。在“学话篇”中，我们针对紧张感做了详细解析，并制定了多个行之有效的缓解紧张的方式，如果在现场出现紧张情绪就可以使用上述方法来缓解。

不过，太过于放松并不利于我们的发挥，适当的紧张可以提高我们的应变能力，提高我们的反应速度，让我们能够高水平发挥甚至超常发挥，也从一定程度上体现出我们对这个岗位的重视程度。从评委的角度而言，我们的紧张是正常现象，如果神态自若反而会让评委觉得不自然。

控制好语速

前文我们讲过，按照八分钟的竞聘演讲来计算，我们的演讲稿字数在 1700 字左右最佳。如果语速过快，你会发现时间还未到，自己准备的稿件已经讲完了，而且过快的语速让评委和听众都来不及消化你的观点；而如果太慢的话，往往时间已经到了，你的演讲稿还没有讲完，在较为严格的会场，只能草草结尾。竞聘演讲不是有感情地朗诵作文，而是要像讲故事一样徐徐展开你的观点，确保让评委和听众能够清楚地了解自己的观点，并通过有力的证明和决心打动评委。

因此，在练习时，我们要把握其中的轻重缓急，该快的时候，可以快一点，比如在开头部分，我们可以稍微加快一下语速，既能节省后面的时间，又能展现我们自信的一面。而在中间部分，我们可以稍微降低语速，方便评委听清和理解。

虽然每个企业的竞聘演讲要求不尽相同，但大概的要求是不会变的。一般来说，每个人的竞聘演讲时间不会超过 10 分钟，八分钟为最佳时间。在字数上宁愿少也不要多，少了之后，你可以稍微调整一下语速，在关键部位增加停顿时间；但如果字数多了，你反而会为了赶进度而加快语速，影响评委对你的判断。

眼神交流的重要性

在竞聘现场，很多评委更看重竞聘者的临场发挥。我们常说眼睛是心灵的窗口，眼神能够体现一个人的心理状态，如眼神飘忽不定，那么他可能没有底气，所讲内容的真实性就会存疑；如果眼神只盯着某一处看，那可能就表明他是在机械性背诵；而准备充分、充满自信的人往往眼神坚定，说话也会掷地有声。

而在和评委听众进行眼神交流时，要注意几个方面：首先，当我们走上台后，需要先用眼睛扫视评委和听众，正确的顺序应当是从第一排开始，先中间后两边，后面的一扫而过。在和评委有短暂的眼神交流之后，我们即可开始讲话。第一次眼神交流主要是和评委有一个初步的认识，这段时间我们没有说话，也没做其他动作，那么眼神交流就会是我们和评委沟通的第一步。而评委和领导们也需要通过第一次的眼神交流来判断我们是否有充足的信心。

在我们演讲的过程中，也需要和评委进行眼神交流。如果没有脱稿，那么我们每读完一段话，就要抬起头和评委们进行眼神交流，千万不要只顾着自己低头读稿子，全然不顾评委的反馈。如果我们脱稿演讲，那就要做到“面面俱到”，目光要照顾到每一位评委，也包括坐在后面的听众，不能只盯着一个人看，也不能一个人都不看。如果现场人特别多的话，那么我们可以选择一片区域的某一个点来替代这一片人，以点带面地环顾所有人。

除此之外，如果演讲时还需要播放幻灯片，说完每一页内容都要尽量和评委进行眼神交流。很多人一旦用了幻灯片就一直盯着幻灯片说话，似乎忘了和别人眼神交流的重要性，这是非常失误的处理方式。你要明确一点，无论你的幻灯片做得如何精美，都只是你表达观点想法的一个工具，你才是这场演讲的主角。

004｜从容应对评委提问的三大利器

竞聘演讲是评委对竞聘者进行综合全面考察的主要途径，进而鉴别其能否胜任该职位。一般来说，演讲结束之后，就会进入评委提问环节。在这个环节中，评委可能会向你提出 3~5 个问题，需要你做出回答。

在不同的行业和企业，提问环节的形式并不相同，但一般来说分为三种情况：第一种是从标准题库中随机选择几个问题，第二种是针对你此前的演讲内容提出几个问题，第三种则是上面两种形式的结合。

这就需要我们在准备期间多下功夫，收集竞聘岗位不同维度的资料，以及自己对该岗位的理解，从而能够从容面对评委的提问。而在你思索之后，你的回答需要包含三部分的内容。

表现出你对工作的热爱

对于评委而言，在判断你的能力能不能胜任的同时，还要看你是不是真正想做这份工作，尤其是你的态度问题。当你能够通过资格审查、笔试，来到竞聘演讲环节时，你的能力已经得到了初步认可，那么你对于这项工作的态度和理解就成了至关重要的考核标准。

对于不同工作岗位，我们接受的教育大多是“干一行，爱一行”，是较为被动地去做。但在竞聘演讲中，你需要在上任之前就表达出你的热情，让评委们感觉到你不但能够胜任工作，还发自心底地喜欢这一项工作。

而工作热情也不是靠直白地告诉评委，“我多么多么喜欢这项工作”，而是将自己为什么想做这份工作，以及你对于这份工作的意义和价值的认知，阐述得非常清晰。如果我想承担某项工作，那么我会了解这项工作的特性和能力要求，然后这些特性和能力要求恰好符合我的爱好和特长，因此我是基于爱好和热情来完成这项工作，并没有其他的制约。比如我想竞聘行政管理部经理，这项工作看重的是协调能力、沟通能力和服务能力，那么我们在竞聘的时候就需要表现出自己对这些工作的精通和热爱，增加可信度。

表现出卓越的工作能力

咱们刚才说了“经验是保证”，有丰富的工作经验，你站在讲台上演讲时底气都显得很足。但是，这里也存在问题，如果你是跨行业、跨部门竞聘，你所竞聘的是一个你并不熟悉的工作岗位，工作经验自然是谈不上了，这时候你是不是就没有优势可言了呢？也不是！虽然我们在工作经验方面或许没有优势，但是我们可以引导评委和听众把注意力转向你的能力，比如领导力、执行力、沟通协调能力、工作拓展能力、学习提高能力、表达能力等，这些都是工作中的必备能力，有了卓越的能力就可以弥补工作经验方面的欠缺。一个能力出众的人面对自己不熟悉的工作，也能很快地进入状态，所以我说“能力是依托”。这是第三方面的优势，也需要我们用心去捕捉自己身上的闪光点。

认识到自己的不足

在竞聘时，很少有人能够完全符合某一岗位的要求，所以在阐述了自己诸多优点的同时，也要明确地指出自己的不足。但这时不能太实在，列出的缺点不能是硬伤，比如学历不高、工作不积极、不能加班这一类决定性问题，评委不会因为你的缺点反而修改了岗位的特性。在列出缺点的时候，可以从认知、所处位置方面下笔。比如有时候，我有了一些新想法，还比较欠缺及时和上级沟通的意识，遇到问题的时候喜欢自己琢磨，没有寻求帮助的意识，或者是站位不够高，看问题不够全面，等等。

从一定程度上来说，这些问题可以在实际工作中借助实践历练去解决，同时也是给自己一个进步的空间。

有些时候，可能会由于资料收集不全，或者评委问题太刁钻，让自己一时不知道该如何回答。那么，这时候你就需要争取更多的时间来思考问题，让自己的回答条理清晰。

让评委重复问题

当评委的问题无法立即回答时，我们可以用带有歉意的语气向评委请教："实在抱歉，刚刚我没有听清楚，您能再说一遍吗？"在评委重复问题时，我们又能争取思考时间，而且有些评委不会简单地重复问题，而是会加入理解和阐释内容，方便你理解和回答。

重复评委的问题

如果评委说了两遍之后，我们依然没有想到合适的答案，那么我们也可以按照我们的理解复述一遍评委的问题：

“您好，如果我没有理解错的话，您的意思是……”重复评委的问题有两个好处，一是能够争取更多的时间来思考和准备，二是说出你的理解，能够让评委帮助我们捋顺思路，方便我们整理答案。

但如果我们因为某些原因的确无法给出明确的答案，那么我们也要坦诚一点，如实相告；也不要扯东扯西地胡乱作答，在我们不了解相关内容的情况下，往往是说得越多错误就越多。而且，当我们说明无法回答的原因时，要从自己身上找问题，不能一味地从外界找原因。无论评委的问题是多么偏离中心、刁钻，都有其存在的理由，我们作为竞聘者理应对岗位进行全面深入的了解，所以不要找别人的原因。

另外，如果评委给出专门的时间，那么我们还有另外一种回答方式。

“非常抱歉，这个问题我无法给出明确的回答。此前按照我的理解，这个岗位并不涉及 ×× 专业的内容，所以对这方面的内容并没有做过多的了解。不过，从 ×× 角度来说，我认为……”通过转折与承接，我们可以将问题引到我们所熟悉的角度，这虽然并不是标准的回答，但也能给评委留下一个好印象，争取到一定的加分。

第二章

述职报告怎么说才好

述职报告是指团队内不同岗位的工作人员向上级、全体员工大会以及公司股东陈述任职情况的一种文体形式，也是工作报告中的总结性报告。主要是陈述岗位职责的履行情况、工作任务的完成情况，以及下一步工作打算，是对自己的任职能力进行评议的一种应用文体。本章将从述职报告的结构出发，帮助各位职场人整理一份多种场景适用的述职报告。

001 | 把握述职报告的基本原则

在不同行业、不同类型的企业中，每到年底都会召开年会，员工区分不同职级进行述职，然后上级领导或全体员工会根据你的述职情况进行评定。因此，一份合格的述职报告能够在最大程度上展示员工的工作情况，助力未来发展。而述职报告的应用范围很广，种类也非常多，因此我们要针对不同的场景，制定不同的报告内容。

从内容上，可分为综合性陈述报告、专题性陈述报告和单向工作述职报告；从时间上，可分为任期述职报告、年度述职报告和临时性述职报告；从表达形式上，可分为口头述职报告和书面述职报告；而根据场合的不同，述职报告的内容和形式也会有所区别。

一般来说，述职报告的结构大体分为四个部分。

第一部分：标题，一般为单行标题，如“述职报告”或者“××× 的述职报告”，也有两行式述职报告，两行标题中间用“——”隔开，一般这种报告用于公司主要负责人向股东大会述职。

第二部分：称谓，对听众的称呼，比如“各位领导、代表”“尊敬的各位来宾”等，要按照听众对象以及会议性质来确定。在格式上，称谓要放在标题之下正文的开头部分。

第三部分：正文，也就是述职报告的主体部分，由“基本情况”“成绩经验”“问题教训”“今后计划”四个关键部分组成，下面我将详细解析。

第四部分：落款，写明自己的姓名、所在部门名称，以及报告日期。

基本情况

将这一段时间的职责履行情况，用平实的、概括性的文字简短准确地叙述出来，并交代工作的主要情况、时间、地点、背景等。同时，要提炼出该报告的主体，这样听众就能对报告的全貌有一个大概的了解，能够总领全文，提高听众的兴趣，引导听众积极思考。

例如，“自 1 月 1 日调到营销部工作以来，在营销部李总的领导和指导下，我以‘服从领导、团结同志、认真学习、扎实工作’为准则，始终保持高标准、严要求，认真完成了领导安排的各项工作任务。在这一年的工作中，我的业务水平、综合素养和营销能力都得到了显著提升。现将一年来的思想和工作状况以及今后的努力工作方向做如下汇报”。

成绩经验

这部分需要条理清晰地分析证明你的报告主题。多数述职报告在成绩经验这部分都会选择横向排列的方式，即将内容分出不同的层级，每一层级都对应着一个小标题，进而从不同的层级来论证报告主题的正确性。

写这部分内容时，要以事实和材料为依据，对任职期间内的工作成绩做出公正的分析，要做到事件材料真实可信，数字准确可靠。

问题教训

这部分的格式同“成绩经验”相似，也是依托事实和材料挖掘自身和工作上的不足，直面在工作中出现的问题和失误，分析它们产生的原因。在收集资料和整理问题时，也建议使用横向排列方式，条理清晰地进行论述。

值得注意的是，在写这部分的内容时，要从自身找原因，不要一味地推卸责任。有责任有担当才是大家眼中优秀员工应有的表现。

今后计划

这部分是正文的最后一个部分，如果说前面是对之前的工作做一个总结，那么这部分就是为未来的工作制定计划，同时也要在接下来的工作中改善目前存在的问题。这部分要包含目标、措施、要求三要素，并且有可行性方案。与工作总结不同，“今后计划”这部分不需要太多，所占篇幅一般不超过正文的20%。

而在报告结束的时候，要用礼貌用语来结尾，例如“以上述职报告是否妥当，请予审议”。在落款处要写明自己的姓名和部门名称，并注明撰写报告的年月日。

述职报告的四大原则

作为汇报工作的书面材料，述职报告的重要性不言而喻，而在撰写述职报告的时候，需要遵循“四大原则”。

一是真实性原则。现如今，述职报告已经成为考核员工工作能力、评价员工业务水平，甚至选拔各级管理人员的重要依据之一，所以述职者在撰写和汇报时要确保内容实事求是，所引用的数据真实有效，能够真实、准确、全面地反映述职者履职尽责的真实情况，而对于不足之处也不能避而不谈。

二是规律性原则。述职报告在确保真实性的同时，也不能将所有的事情按照时间顺序简单机械地罗列上去，而是对搜集来的数据、材料等进行分析、研究、整理、归类。在整个过程中，找到内在的逻辑规律，从而将工作上升到理论的高度，并作为未来的行为准则，形成指导性依据。

换个角度来说，撰写述职报告的目的在于总结过去的经验和教训，使未来的工作能够有所进步，有所突破，所以它总结出来的规律性内容能够对未来工作有很强的指导作用。但任何一项工作都不是凭空生成的，都需要有客观的业务数据和工作成果形成支持。

三是通俗性原则。述职报告的应用范围非常广，所以在面对个性不同、情况各异的会议听众时，其内容必须要通俗易懂，即便是专业性、学术性非常强的述职报告，也要根据会场听众的接受程度，对专业性内容和词汇等做出相应的解释，确保每个人都能听懂。

述职报告内容的表达方式要更贴合口语化要求，使之更好理解，从而更容易被人们接受，拉近述职者和听众的心理距离。当然，内部公文和述职报告在应用范围上也有所区别，前者重视准确、简练、规范，而后者则更偏向大众化和口语化。

四是艺术性原则。基于述职报告的应用场景，我们在如实记录自己一段时间内职能表现的同时，还要对其在形式和表达进行艺术性调整，从而提高内容的可观赏性和可读性。值得注意的是，这里所说的艺术性只体现在情感化、个性化的语言上，对于内容的真实性不要做艺术加工。比如，注意长短句式的交叉合理使用，多用短句子，方便听众理解；少用单音词，避免使用同音不同义或者易混淆的词汇；而在表达上少用文言文或非常小众的网络词语等，让语言尽量贴近口语化和大众化。

在撰写述职报告的时候，要注意将述职报告和工作总结区分开来，前者在内容上更偏向于个人履行职责的能力和对职能的理解及感悟，并不会涉及部门或者单位的整体成绩和问题；而后者的写作角度则是全面的，无论是公司的、团队的，还是个人的，只要是重大的工作业绩，甚至是在这段时间内总结的经验教训都可以写在里面。

002｜学会盘点工作的四大步骤

盘点工作是述职报告中的重要环节，只有将工作盘点清楚，我们才能找到其中的规律、发现其中的问题，并制定来年的计划，因此盘点工作是整个述职报告的基础工作。但面对种类繁多的工作内容，很多人一头雾水，不知道应当如何盘点。一般来说，想要完成盘点工作，需要做好四个步骤。

第一步：汇总工作。

盘点工作的第一步就是将所有的工作都罗列出来，大到负责的某一重点项目，小到一次偶然的外出办事。无论是大事小事，全都写出来，不要遗留任何一件小事。而针对一些特殊事件，我们也需要将其内容完完整整地写出来，确保不会遗漏内容。

很多人撰写述职报告都是盘点一年的工作量，但很难确保没有遗漏，这时候我们需要按照一定的规律去检查工作是否都已经罗列清楚。第一步是依照岗位职责，每一个岗位都会对应不同的职责，我们就可以围绕着职责将工作内容梳理一遍。第二步是核对工作日志，对照我们一整年的工作日志，看看有哪些内容被遗漏了。如果这两项工作都已经做完了，那么我们的工作也就基本汇总完成了。

第二步：分类工作。

盘点工作并不是将工作内容都罗列出来就可以了，而是要对内容进行分类，一方面方便听众理解，另一方面我们也能找到其中的规律和问题。在分类工作时，我们可以按照不同的分类方式进行梳理，有的人按照时间顺序，例如“上半年”和“下半年”，或者是“第一季度”“第二季度”“第三季度”“第四季度”等。而有的人则会按照“职责履行方面”“能力提升方面”“团队建设方面”等来分类。其实无论哪一种分类方式，都是为了方便后续报告内容的展开，为下一步打好基础，所以只需要选择自己熟悉的分类方式即可。

在选择分类方式时，要注意两点：一是要全面，在选定分类方式时，如果发现某一项工作并不在分类之中，那么就要重新制定新的分类标准。二是不要特立独行，无论哪一种分类方式，都是为了让听众更好地理解你的工作，如果你的分类让大家听得云里雾里，那也会直接影响你的述职效果。

第三步：总结工作。

确定将工作分类罗列清楚之后，我们就需要找到其中内在的逻辑，然后进行高度概括。例如，按照时间顺序来写的话，那么我们在总结的时候，就需要写“第一季度，我完成了全年目标的 30%，其中……；第二季度，我完成了……；第三季度……”。在陈述具体内容时，首先要对这一分类的内容进行总结归纳，然后再进行分类说明。而如果按照其他分类方式时，也可以说“在职责履行方面，我恪尽职守，严格按照岗位职责的要求，做了 ×× 工作，并得到了 ×× 的成绩，其中……在能力提升方面，我坚持力争上游，利用业余时间考取了 ×× 证书，并获得了三个月的销售冠军；在团队建设方面，我积极参与团队攻坚项目，并主动培养了两名新手销售员”。

从内容格式来说，盘点工作时可按照“总分分、总分分”的结构来总结和说明，所以在阐述每一类工作之前，需要准备一句高度概括的内容总领下文。

第四步：升华工作。

这部分非常重要，是你和其他人拉开差距的重要一步。从工作的角度出发，你的每一项工作都有其内在的意义。当我们将工作总结完成之后，那就要思考自己在整个工作中的收获和感悟，以及这份工作在部门运作中的作用，甚至是在整个业务系统中，这份工作的重要性。只要这样，你才能将这一年的工作盘点清楚，总结到位，让听众明白你的重要性和辛苦程度。

不但要知道工作怎么做，还要了解为什么要这么做，当然这部分并不是一味地吹捧自己，而是要从实际出发，全面理解自己工作的含义。

003｜述职报告的“五要三不要”

一份高品质的述职报告，不但是对前一段时间工作的检验和考察，也是我们在领导面前展露才能的绝佳机会，因此在撰写述职报告的时候，要注意该写的要写好，不该写的一句也不要写。

述职报告的“五要”

一要写出自信。在写述职报告时，无论你的工作做得好还是不好，都一定要写出你的信心。做得好的地方，要总结成功的经验，在后面的工作中继续保持；做得不好的地方要找出问题，分析原因，并制定出具体可行的应对措施。因此，无论你的工作做得怎么样，都要向领导明确地表明立场——我对自己有信心，我完全能够胜任这项工作。

对于直属领导来说，你这段时间的功与过基本上都看在眼中，记在心里，并不是到了最后总结阶段才对你做出评价。而对于你的述职报告，领导更看重的是你对之前工作的总结以及对工作失误、自身缺点的认知，这部分能体现出你的态度和信心。

二要呈现真实业绩。在述职报告中，对于自己的业绩一定要真实直观地呈现出来，除去直属领导，听取你述职报告的人，或许还有人力资源部门和公司领导，他们对于你的业绩不会详细了解太多。对于一些具体的，或者是与其他部门或同事合作的事情，很难做出一个明确的判断，这时候你需要将自己的业绩讲细谈透，让领导对你有一个全面的了解。而这在一定程度上，也是提高我们自信心的方法之一。

三要有自己的特色。述职报告虽然有其固定的格式和要求，但也并非千篇一律，也可以灵活展示你的优势和特点，发挥好了，能够在众多同质化的述职报告中讲出与众不同，让评委们精神一振，对你印象深刻。

例如，在设计述职报告整体布局时，很多人都停留在“做了哪些工作”的层次上，在述职时，只罗列自己做了哪些工作，完成了多少业绩等；此时如果我们在此基础上还知道“自己是如何做的”，总结出规律性和经验性内容，既知道做了什么，也知道如何才能干好，那么就能上升一个层次。

而更高的层次是，当我们知道自己做了哪些工作，还知道自己是如何干的，同时还清楚“自己为什么要这么干”，那么就能体现出工作的价值。

四要主动认错。在工作中，我们不可避免地会出现一些工作失误，很多人会认为这部分是减分项，所以在述职报告中很少提及，或者一笔带过。在上级领导看来，如果你只写成绩不写不足，就会被扣上不够诚恳老实的帽子，这时你的成绩也会大打折扣。所以，我们不但要写出不足，还要从思想上充分认识到自己的错误，并制定具体可执行的整改方案。

五要对未来有部署。一份合格的述职报告，不但要总结之前的工作成绩和经验教训，还需要给自己定一个未来计划，做到“一次前进一小步，一年前进一大步”。对于领导来说，一方面需要从述职报告中了解你对工作的后续安排，另一方面还要考察你对工作安排的合理性和科学性。所以，不要把述职报告当成单纯的工作总结，而是要将它当成展示自己能力的最佳时机。

述职报告的“三不要”

一是不要过分邀功。无论是公司领导，还是普通员工，在做述职报告时都应当真实反映个人在职权范围内的实践活动。哪些工作是自己独立完成的，哪些工作是合作完成的，哪些工作是在领导的带领或者指导下完成的，这些都要分别写清楚，不能含糊其词。对于自己的成绩和荣誉，做到既不浮夸也不过谦，面对问题既不推诿也不回避。而对于团队成绩，应当肯定团队的整体能力，然后再说明自己在团队中的作用。如果将功劳都揽在自己身上，而把错误都推到别人身上，势必会引起其他人的不满。

二是不要写成流水账。述职报告最忌讳的就是把内容写成流水账，想到哪写到哪，没有条理性，缺乏内在的逻辑。这类述职报告往往会被评价为质量不高，缺乏亮点，无法展示自我成绩。有的人将工作中的所有事情都事无巨细地写在里面，导致内容又长又无聊。

因此，在撰写述职报告的时候，要结构合理，突出重点，既有连续性又有跳跃性，这样才能给大家留下深刻印象。

三是不要“跑题”。述职报告是对一段时间内的工作进行总结和分析，而不是陈述你在任职期间内所有的工作成绩，所以在写述职报告的时候，一定要确定时间范围，比如一年、半年，或者一个季度。确定时间范围之后，就不要再写范围之外的其他成绩和内容。有的人可能身兼多职，而述职报告可能是对某一项工作的专题性表述，不需要涉及其他工作。有些职场人掺入一些不合时宜的述职内容，只不过是想给领导或受众使"障眼法"，让大家觉得他的成绩很多，功劳不小。而真正了解述职报告的人都知道，这种述职方式，其实是"徒劳无功"的。

第三章

如何在会议上发言

开会是每一个职场人员的必修课程。对于新人来说，能够在众人瞩目之下，和众多领导、同事一起讨论发言，得到展示自己的机会，这是非常难得的。因此，如何用正确的方式表达自己的观点，面对提问时如何从容作答，甚至作为会议主持人如何才能优雅得体地主持会议，都是每一个职场人需要学习和掌握的。

001 | 牢记会议发言的“三大策略”

因为一般员工平时工作都是各司其职，与公司领导也很少接触，所以对于很多员工来说，会议发言是一个展现自我、给领导留下好印象的绝佳平台。他们如果能够把握机会，在会议上一展口才，领导必然会对其刮目相看，日后也会多加留意。对于领导来说，在会议上沉默寡言的人，要么是能力极为出众，不屑于与其他人讨论；要么是对工作业务了解不多，内心想法不坚定，不敢开口表达的人，而绝大多数人都是后者。所以，一味地躲避是没有意义的，与其被动接受，不如主动出击。对于会场发言，本章总结了三个策略。

策略一：提前准备，抓住重点

一般来说，大多数会议都会提前通知，有充足时间让你去了解会议主题，做好资料准备工作；如果是临时通知的会议，或者对会议的主题内容并不知情的，那就可以对自己近期的工作做个总结，同时也要留意最近公司的重要项目、重大事件等，这些都可能是会议的主题。

进入会场之后，领导或者相关负责人会做会议发言，这时候我们就需要认真听他们的发言，记录重点内容，提炼其中的关键词，做到心里有数。如果是轮流发言的话，那么在其他同事发言时，也要认真听取他们的观点，再结合现有的情况进行分析，思考出贴合实际的建议。

策略二：发言简洁，观点明确

很多人认为口若悬河才是口才好，其实并不是。能够用最简洁的语言正确表达出自己的观点，并且让人信服，这才是口才好的表现。所以，在会议上发言一定要简洁。而且，大家的时间都很宝贵，尤其是在会议结束前，个个都盼着早点收尾，决不能再说客套话，要直接提出个人的观点。在表达观点的时候，要从公司整体的角度出发，这样很容易获得领导的认可。

在发表观点的时候，不要铺垫太多，甚至很多时候需要开门见山地提出自己的观点，然后再条理清晰地讲出自己的分析过程，比如第一、第二、第三……同时，在进行分析的过程中，如果有准确数据就更能说服人，没有的话也可以从部门的实际情况出发，一定要有理有据。在这个过程中，我们也可以观察周围人的反应，当他们不停点头，表示认可的时候，我们就可以在这个观点上适当多讲。

策略三：坦然自信，不否定他人

发言时，观点与内容诚然重要，但语气和情绪也同样不能忽略。无论说什么话，都要一本正经，底气十足，从语气上征服对方。如果没有底气，即便观点内容准备得再充分，也很难让人相信。哪怕说错了，也不要紧，表达观点本就没有标准答案，也不要有什么心理负担。

但观点内容不要涉及部门或同事的问题，也不要在言语上咄咄逼人，即使观点和旁人相左，也不要否定他人。可以先从认可对方的角度入手，然后再循序渐进，慢慢展开自己的观点；在讨论工作时，不要否定同事的工作，无论他做得好与不好，都要给予肯定性评价，然后再说工作中的问题；而讲到部门内部管理时，即便领导让你畅所欲言，也不要直接提出很尖锐的问题，非要讲的话，可以先从一些无伤大雅的小问题开始，逐步深入讨论。

002｜面对提问，如何从容作答？

无论是正式场合，还是非正式场合，大多数的沟通中都会涉及提问和回答。一问一答才能让沟通顺利进行下去。尤其是在职场中，大小会议上的工作询问或者是领导随口一问，可能都会让我们陷入慌乱之中，不知如何作答。正在闲聊时，领导随口一问："小王啊，最近工作怎么样？那个项目进展顺利不？"面对客户时，对方看似随意地提问："怎么都研发一年了，还没有效果呢？"如果能事前准备好，那我们可以干脆利落地回答出来，但这种猝不及防的随机式提问，哪有时间提前准备答案呢？

面对提问，我们只需要做好三件事，就能从容作答。

先认可对方的提问

如果领导或者客户突然向我们提问，都不要从情绪上反驳他，首先要顺着他的意思，肯定他的提问。例如，领导说："小张啊，我发现你最近工作进行得不太顺利，是什么原因啊？"如果你直接否定领导说："怎么可能，我最近的工作完成得挺好啊。"那么，领导就会觉得你就是在跟他对着干，是在故意回避问题。

一般来说，领导都是在看到你的问题之后，才会对你旁敲侧击，并不会空口无凭地指出一些问题，所以正确的做法应当是："哦，陈总，可能是最近一直在忙×××项目，所以其他工作的进度可能就会受到一些影响。"你肯定了领导的敏锐眼光，然后也解释了自己最近工作进度慢的原因，并且在潜意识中将问题又抛回给了领导：如果其他工作的优先级高，那么就要暂时搁置×××项目。

另一方面，领导的话虽然不一定全都是对的，但没有人喜欢被反驳，所以我们顺着领导的提问往下说，也是对领导的尊重，维护领导的权威。

解析对方问题的深层含义

网络上流传着一个笑话：一只小黑狗趴在老人的旁边，有个少年走过去，问："老人家，你家的狗咬人吗"？老人回答不咬人。结果少年被小黑狗咬伤了。少年不解地看着老人："你不是说，你家狗不咬人吗？"，而老人却说："我是说我家狗不咬人，可这条小黑狗又不是我家的。"

不过，笑话终究是笑话，我们不去研究老人和少年哪一个没说明白，哪一个没听明白，但在我们的日常工作中，也会遇见类似的情况，如果我们没有听懂领导提问的深层次含义，就很难精准地回答问题。

当领导问我们："小张啊，我发现你最近工作进行得不太顺利，是什么原因啊？"看似领导是在关心我们最近的工作进度，或者是工作态度，实际上领导可能是指我们某一项工作近期汇报得比较少了。

如果我们没有听懂领导的问题，只是按照领导表面的提问去思考最近的工作状态，那是发现不了自己的问题的，只能回答"最近的工作进展都比较顺利，没有什么问题"，这种回答对于领导来说，更像是一种敷衍。

让自己的回答结构化条理化

在理解清楚对方的提问，并确保和对方说的是同一件事后，就可以用条理化和结构化的答案来回复领导。面对领导的提问，我们可以将其拆解成三部分来回答，即是什么、什么原因、怎么解决，进而从容作答。

例如，在会议上，领导突然开口问：“小张啊，我发现你最近工作进行得不太顺利，是什么原因啊？”

按照领导字面的意思，很多人会认为领导只是单纯地询问原因，但实际上大多数领导都是想看到你如何解决之后的问题。

那么按照这个结构我可以回答：“是的，陈总，最近的 ×× 工作确实进行得不太顺利，前段时间一直在忙 ××× 项目，所以 ×× 工作受到影响，而且我前段时间因为个人原因还请了几天假，也耽误了不少时间。不过基于现在这种情况，我想有三种方式来加快进度。方法一……方法二……方法三……按照我的预想，应当能在月底前追上正常进度。”

领导听了你这种条理清楚的回答，大概率会认可你的工作，当然也会认为你并不是工作上怠慢或者有其他的主观问题，而是客观原因导致的进展缓慢，自然也会对你投以赞赏的目光。

会议上的提问虽然都带有随机性和突然性，但这些问题大多不是凭空产生的，都跟我们的工作、表现有着千丝万缕的联系。如果突然被领导提问，那么就可以用这种逻辑来回答问题。首先要认可对方的提问，并弄清楚问题的深层含义，然后再用结构化答语从容作答，给出一个完美的答案。

如果是针对自己的负面问题，比如工作中犯的错误等，正确的方法是不逃避，也不撒谎，而是正面回答问题。谈到错误时，应该重点说明你怎样从中吸取教训，并学习到哪些有益的知识和经验。

003｜准备不充分，发言靠后怎么办？

在会议上轮流发言时，很容易出现这种情况：由于发言顺序比较靠后，自己想讲的内容，被前面发言的同事都讲完了。这时候，还有没有必要继续发言呢？如果要发言，应该怎么说呢？

首先要肯定的一点是，无论怎样，轮到我们发言的时候，是必须要说的。对于职场人来说，能直接展示才能的机会并不常见，想给领导留下深刻印象，就必须勇敢发言；而且这种当众讲话的机会非常少，一旦遇到就必须要多学习多锻炼。

实话实说，不回避问题

如果发现自己的观点被别人都说完了，那最好不要再另辟蹊径寻找新的观点。很多时候，在仓促之间找到的新观点经不起考证和讨论，反而会被领导认为我们前期工作做得不到位，应付了事。所以，不妨直面问题，直接向会议人员说明情况。

你可以这样说："各位领导和同事，大家好，仔细听了各位的发言，我发现大家把我想说的话都说了一遍，甚至说得比我都好，这让我深感惭愧，看来我的准备工作还是做得不够到位。不过，难得能够和大家坐在一起讨论这个问题，我也说说自己感悟比较深刻的地方，说得不对的地方，大家请多多包涵。"

其实自己的观点被人先表达了，是很常见的一件事，如果你没有新颖独特的观点，依然在自说自话，大家反而对你印象不好。你这样说的好处是让其他人意识到，你并没有因为观点被别人讲完了而感到紧张不安，而且这样坦率地讲出来，显得你很真诚，也节省了大家的时间。

而接下来，你可以有以下两个选择：

一是找准一点深度谈。"各位领导和同事们，大家好，仔细听了各位的发言，我发现大家把我想说的话都说了一遍，甚至说得比我都好，这让我深感惭愧，看来我的准备工作做得还是不够到位。不过，难得能够和大家坐在一起讨论这个问题，我也说说自己感悟比较深刻的地方，说得不对的地方，大家请多多包涵。接下来我要讲一些我的看法，这部分跟 ×× 同事说的一样，但我认为针对某个问题还能进一步具体说明一点，比如在 ×× 方面，我认为……除此之外，我认为……”

另外，我们还需要在这个基础上加深对一些观点的理解，发言的篇幅不一定长，内容也并不一定正确，我们只需要在观点上加一点与众不同的内容就可以了。因为前面的铺垫已经说明，我们和其他同事观点的相同之处，他们说的就等于我说的，那现在我只需要讲一些不一样的内容就可以了。

二是总结各个同事的观点。“各位领导和同事们，大家好，仔细听了各位的发言，我发现大家把我想说的话都说了一遍，甚至说得比我都好，这让我深感惭愧，看来我的准备工作做得还是不够到位。针对本次的问题讨论，我起初准备了三个观点，其中第一个……和 ×××、××× 接近，我的想法是……；第二个……和 ×××、××× 接近，我的想法是……”

这样说的好处是让参会人员感动，你不是在重复别人的观点，而是碰巧和大家想到了一起，同时还会给领导留一个“开会认真”的印象。

不过，一旦会议时间过长，会消磨领导的精力，即使前面没人说过我们的观点，但如果没有足够新颖独特的亮点，也很难打动领导。

004｜如何做好会议主持人？

每一场会议都需要会议主持人来进行开场、把控、收尾，保证会议各项流程的顺利进行。因此，会议主持是一门学问，更是一门艺术，职场人虽然并不需要像专业主持人那样带动会议、掌控全局，但作为一个会议主持人应了解和掌握最基本的会议主持礼仪。当我们被告知需要主持一个会议的时候，就需要做一下准备工作。

做好会前的准备工作，当我们被告知需要主持会议的时候，就要明确会议目的，确定议题、程序和开会的方法方式，然后确定出席人员、会议时间以及地点。

确定完参会人员后，就需要将会议目的、议题、时间、地点、要求等通知到每个人，请他们做好准备。

会议地点应当提前定好，做好会场清理工作，桌椅的排列布局要符合会议的特点。做了充分准备，会议就开得顺利、紧凑，效果自然就好。

准备好会场主持稿，包括会议开场白、串场词、结尾致谢等，提前彩排，做好准备，如果时间允许的话，要做到脱稿主持。

开场白要起到欢迎参会人员并点明会议主旨和意义的作用。我们可以视会议规模的大小，调整我们开场白的长短。

会议开场白的结构基本是由“欢迎词 + 会议主旨和意义”组成，但需要根据会议的规模、参会者以及其他深层次意义而定。

例如，如果本次会议有特殊人员参加，那么可以增加相关的内容。

而串场词较为简单，可根据会议性质而定，如果是单纯的发言会议，那么串场词可以说“下面有请陈经理发言”“感谢陈经理的精彩解读”；如果是表彰大会的话，我们就需要根据会议流程进行串场。例如“现在进行大会第三项：表彰集团 20×× 年度营销工作先进单位、突出贡献单位以及突出贡献个人奖。有请营销工作先进单位代表 ×××、突出贡献单位 ××× 和 ××× 上台”。

这时候要注意，从他们走上台到颁奖，中间会有一两分钟的空白期，即使在有背景音乐的情况下，主持人也不应当什么都不做。这时候主持人有两件事情可以做，一是引导获奖人按照既定的位置站好，等待颁奖。如果有礼仪人员负责这一项工作，那么你也需要注意台上的情况，必要时可以出声提醒，例如“陈经理，请往这边走”，或者

“好的，请获奖嘉宾移步到主席台另一侧”等。

会议结束致辞常见的形式是“总结 + 展望”。会议结束致辞的目的是总结本次会议的主要内容，并指导下一步工作开展，因此在写这一部分内容时，一定要注意结合本次会议的主题和目的，同时还要兼顾参会者的讲话内容，必要时需要对其进行详细解读，方便参会人员理解掌握。

第四章

掌握高情商接话的技巧

人与人之间的沟通，更像是一种球类运动。

请注意，是运动，而不是锦标赛，要适度照顾对方的感受，才能将球不断地打来打去。所以，能赢得人心，接话才算漂亮。

也就是说，让对方获得愉悦感，是接话的原则。从更深远的角度来看，让与你沟通的人感到愉悦，会进一步产生积极的连锁反应，从而达到事半功倍的效果。

001｜用第三只耳朵倾听

奥地利精神分析师狄奥多·芮克是弗洛伊德的嫡传弟子。他在 1948 年出版的《用第三只耳倾听》一书中指出，倾听是记下潜意识中冒出的感受，“观察并记录成百上千个小线索，对它们引起的细微效果保持觉察”。对狄奥多·芮克而言，意识到自己的第一反应和直觉，就像用第三只耳朵倾听。

“耳才”是比口才更难的修炼

国外有句谚语说：“与其滔滔不绝，让对方确信自己是个傻瓜，还不如把嘴紧闭，让他们觉得你是个傻瓜。”

中国有句俗话说：“言多必失。”它的意思是，如果一个人总是滔滔不绝地讲话，说得多了，自然就会暴露出许多问题。说多了，人家会不高兴，说错了还会伤了别人。说得越多，说出蠢话或错话的概率就越大。

曾有一位刚刚进入英国外交界的外交官，带着他的太太出去应酬，他的太太来自乡下，在那些场合总是感到非常难受。面对满屋子曾在世界各地住过、口才奇佳的人，她拼命找话题讲话，不想只听别人说话。

后来有一天，她向一位平时很沉默，但深受欢迎的资深外交家吐露了自己的问题。这位外交官告诉她："每个人说话都要有人听，相信我，善于倾听的人在宴会中同样受欢迎，而且难能可贵，就好像撒哈拉沙漠中的甘泉一样。"

会写的不如会看的，会说的不如会听的。拥有良好口才的人，必须同时拥有良好的"耳才"，真正会说话的人，必然是善于倾听之人。

古人常说："听君一席话，胜读十年书。"

一位名人说："学会了如何倾听，你甚至能从谈吐笨拙的人那里得到收益。"

良好的谈吐有一半要依赖倾听——不仅是用耳朵，还包括所有感官；不仅是用大脑，还要运用你的心灵。

倾听往往和说话同样重要，不善倾听的结果也会同样糟糕。当谈话乏味沉闷时，你常常会精力分散，漏掉关键的字句，以致误会对方的意思，甚至主观地判断对方的观点，而全然不管那个观点可能根本不是那么回事。

当别人说话的时候，你是不是双眼呆滞，闷闷不乐，脸上一副冷淡、烦躁的样子？是不是一心等着说话的人喘口气，好让自己插嘴说上几句？你是不是表现出一种消极否定的态度——因为自己想上去讲，所以就对说话的人做出失望、消沉、反抗、攻击的样子？如果是这样，那么当轮到你说话时，无论你把自己表现得多么出色，你仍然算不上一个善于表达的人。

在一位教授的语言课上，有一节课程是让学生们轮流演讲，然后由其他学生作出评定分析。有一次，教授发现所有的演讲者都把视线从坐在前排的一个年轻人身上移开。

这使教授感到奇怪。轮到教授上去做总结时，留心看了看那个年轻人，他面孔冷漠而无神，目光死盯着天花板。过后，教授把他带到一边，对他说："你本是很有魅力的人，只要你多表现出一些赞许关注的态度，就能大大提高演讲者的兴致，而你为什么不理睬他们呢？"

他很吃惊地说："我绝不是这样！"他争辩道："我一直在专注地听啊，没有看他们，是因为我怕看着他们会使他们分心，而不能集中精力讲话。我一直在心里思考，这个说法准确吗？那个说法是不是太夸张了？这样的理论能否经得起考验？总之，我确实是在认真地听呢！"

教授告诉他："也许你确实如此，但这不是聚精会神。如果你根本不看讲话的人，那么对于他来说，你就像是戴上耳塞或手捂着耳朵一样。难道你希望自己讲话时，别人也是如此吗？"

由此看来，不仅要善于聆听，而且要学会聆听的方式。

沟通不是脱口秀

高质量的沟通离不开倾听，倾听的重要性绝对不逊于表达。

在深夜脱口秀节目，我们常看到主持人滔滔不绝或搞笑损人，很少倾听来宾想说什么或鼓励来宾深入话题，因而话题往往比较浅显。

电视和电影上的对话多半像在说教，不然就是长篇大论，而非在倾听之下有来有往、无限延伸的轻松对话。

不少电视清谈节目的嘉宾虽然颇为活跃，其实很多都深感寂寞且郁郁寡欢。美国作家桃乐丝·帕克就是电视清谈节目的常客，然而，帕克曾经自杀过三次。

桃乐丝·帕克晚年自省时曾说："那不过是一堆人聚在一起说笑互捧，一群大嘴巴在卖弄口舌，每天存一些笑料以备哪天用来耍宝……全都是胡说八道。既然是在耍嘴皮子，就没必要说真话。"

而戏剧评论家亚历山大·伍尔考特也很矛盾，一方面他经常作为嘉宾上这类节目，另一方面他很不喜欢这类节目。在伍尔考特心脏病发过世之前，甚至说："我从来就无话可说。"

这是因为，上清谈类节目的很多嘉宾本来就不是彼此倾听的群体。他们聚在一起不是为了互相交流，只是"语不惊人死不休"，在露脸时刻抛出震撼性话语。这种对话，虽然很“炫”，却没有真正“走心”的沟通。

美国费城WHYY电台有一档王牌节目《清新空气》(FreshAir)，这档节目之所以大受欢迎，就是这档节目主持人特别强调“用第三只耳朵倾听”。

比如,《清新空气》主持人特里·格罗斯要访问一位名人，节目组会组织三个人来倾听受访者。

《清新空气》的制作团队共有八人，很多人之前都没有太多做广播的经验，甚至全无相关经验。

但是，该栏目遴选制作人的首要条件是“耳才”好，意思是拥有过人的倾听能力，能听出对话的真正内涵，心理学家称之为对话敏感度。

有对话敏感度的人不只会留意说出口的话，言外之意和细微的语调变化也逃不过他们的耳朵。他们擅长捕捉微妙的细节，很快就能识破对方是装模作样，还是真情流露。

他们能够轻松记住别人说的话并享受对话，至少感到有兴趣。一般认为，先有对话敏感度，才能产生同理心。同理他人时需要召唤之前与人互动的所感所学，并应用在之后碰到的情境中。

所谓的耳才，就是开放的心态，再加上对话敏感度；而对话敏感度，又跟认知复杂度有关，认知复杂度又和各种阅历、经验相关。

要想察觉对话中的微妙线索，一定要先积累许多倾听的经验。所谓的后天直觉（第六感），不过就是一种辨识微妙线索的能力。

听越多的人说话，你就越能辨识出更多人的倾向，直觉也会越准。

要练就这种技能，必须接触各式各样的看法、态度、信念和感受。

一位合格的倾听者，该如何接话

在日本，很多需要进行售后服务的大企业，都配有平息顾客愤怒的专员。这些人大多数是中年人——忠厚和善，且能静心聆听顾客的怨言。

一些愤愤不平的顾客，往往一见面就大吵大闹，情绪激动。应付这种顾客，需要很高的修养。

然而，人类是一种古怪的动物，无论生多大的气，一旦尽情发泄之后，多半会自消自解。

这是因为，人将不满全部发泄之后，会产生问题似乎已基本解决的错觉。如果让人把心里话全倒出来，尽情发泄自己的不满，其心情自然趋向平静，怨恨至少也能平息大半，即使问题并没有解决。

曾有一家通信公司的经理，向专家请教有关客服人员与客户冲突的解决办法，说他们那里时有与客户争吵的事情发生，请教专家问题究竟出在什么地方。

经仔细调查，专家发现争吵的根本原因在于服务员对客户的抱怨应对欠佳。

例如，有客户认为某月的电话费高得不合道理，就来查询详细情况，服务员却这样回答："我们的一切收费都是经过电脑处理的，绝不会错。也许您家小孩趁您不在家，常打长途电话吧！"这种把责任全部推给对方的答复，无异于火上浇油，只能使客户更为恼怒，丝毫无助于问题的解决。

根据这种情况，专家建议客服人员以后凡遇到用户来反馈或查询问题，最好先认真听他把问题讲完，然后说："好吧，我一定仔细地重新核实。"

等过了一段时间，再与对方商谈，这时，由于用户既把自己想讲的话全部讲完，且又过了一些日子，其火气已大半平息，所以能客观冷静地讨论问题的原因，这时事情就好办多了。实践证明，这个方法极为有效。

相反，遇到别人怒不可遏的情况，仍顽强"抵抗"、针锋相对，结果无疑是两败俱伤，不仅不能解决矛盾，反而会加剧双方的冲突。

善听人言者能自觉闪避对方的怨言且充耳不闻，此乃化解对方怒气的心理战术。

某大企业有位人事主管，对处理人事调动问题很有经验，即使是被降职使用的职员，他亦可以使其心情舒畅地接受调动。据他介绍，为做好降职人员的工作，应与之个别交谈，先给对方以时间，充分耐心地倾听对方的意见、想法，一直等到对方把心中的苦闷、牢骚全部倾吐，且已感到疲倦时，然后才说："我非常理解您的苦衷……"

听上司这么一说，对方的情绪即可安定下来，然后人事主管接着说："假如我站在您的角度看，我将认为这是一次机会，去小一点的营业所工作，其好处有两点，一是人际关系好处理；二是可充分发挥一个人的才干。而且，不少人就是在小营业所干出了名堂，最后被提拔的。"这样一来，使对方心中被贬职、受轻视之感荡然无存，高兴地接受了新工作。

这种劝诫方式，是协调人事关系的高明技巧。要说服一个人，绝不要长篇大论，而应将自己真实的想法按下不表，先聆听对方的意见，直到对方全部倒出心里话，发尽牢骚。

然后再以理解对方的姿态来劝诫，提出中肯的建议，要使对方感到你体谅他，确实在为他着想。最后，于不知不觉间，就让对方轻松地接受你的意见。

那些善于解决别人烦恼问题的专家们总是在细心听完烦恼者的倾诉后，再以"如果我处于您的位置""假如我是您……"一类的话作为开头语，进而才提出自己的忠告。这就使对方产生"他在真诚地帮助我"的感觉，即使眼下的意见事实上于己无助，也难以觉察。

史蒂芬·柯维在《与成功有约》一书中写道：“从小到大，我们接受的教育多偏向读写的训练，说也占其中一部分，可是从来没有人教导我们如何去听。然而听懂别人说话，尤其是从对方的立场去倾听，实非易事。”的确，听别人讲话是一门艺术，与言者相比，听者在交谈中处于相对被动的地位，全神贯注地认真倾听是其首要任务。

拉里·金是美国著名的主持人,《时代》杂志曾刊登过这样一段话：“拉里·金很会听他的来宾说话。他能注意到来宾说了些什么，而其他主持人很少能做到这一点。”

拉里·金本人也承认自己成功的窍门是真心诚意地倾听。

当拉里·金在节目里采访来宾时，他会事先记录所要提出的问题，然后依照事先拟好的问题依序发问。不过拉里·金还经常会随着来宾所回答的内容，提出原先不曾想到的问题，有时，这个不曾预设的问题往往会引来意料之外的答案。

一个倾听能手在倾听过程中如何接话，才有助于达到最佳倾听效果呢?

在说话时，别人最怕对方是一个沉闷而毫无反应的人，所以你对别人的谈话要随时做出反应。有时点头，有时微笑，有时说“是的，我也这样认为”，有时说“这一点，我不大同意”，有时说“据我所知，这件事是这样的”，有时可说“你说的这一点，对我很有用处”。听了别人的妙语警句，不妨高兴地表示赞赏。

著名的女性心理医生莱希曼曾经表示，在心理治疗的过程中，倾听病人谈话是极重要的一环。医生可以借此掌握病人的心理动态，双方产生“理解与共鸣”，成为诊治的第一个阶段。但是，在倾听的同时，绝不可像个木头人一般，任凭对方唠叨。否则，对方必定会兴趣索然，从而产生不满。如果想提高对方谈话的兴致，使其主动开启心扉，就必须传送出“我正在洗耳恭听”的讯号，以点头表示同意，然后上身前倾做出关怀状，表情亲切，微笑着安慰对方……同时，用诚挚的语气说话。

比如说“嗯！是的”“我非常了解你的感受……”“你的意见很宝贵”，等等，这样将使对方产生受重视的感觉。

002 | 巧妙拉近距离的方法

若把对话比喻成一场球类互传运动，那么闲聊与寒暄就是“热身运动”。这种暖场环节，可以为后面打开话匣子做铺垫，增进彼此的好感。

“废话”是人际沟通的第一句

无用之用，是为大用。

像“吃了吗”这一类看似毫无意义的话，能被频繁使用，自然有它独特的妙用。

许多人低估了“废话”的价值，他们觉得“今天天气真好，哈哈哈”和“吃过早饭了吗”这一类话语，都是无聊的废话，他们不喜欢谈，也不屑于谈。

谈话的开头相当重要，当你面对着各式各样的场合，面对着各式各样的人物，要能做到恰到好处，实在不是一件容易的事。倘若交谈开头不好，就不能继续发展彼此之间的交往，而且还会使得对方感到不快，给对方留下不好的印象。

实际上，很多重要的谈话都是从“闲谈”开始的。深入交谈前，均需要一些“废话”做铺垫。说一些看起来好像没有什么意义的“废话”，其实就是先使大家轻松一点、熟悉一点，营造一种有利于交谈的正向气氛。

可见，“废话”就是一种“预热”，有助于我们平滑地切入正题。这就好比球赛之前，运动员先蹦蹦跳跳，伸手伸脚，做一些拉伸动作或热身运动一样。

中国有个词语叫作“聊天”或“谈天”，当交谈开始时，我们不妨谈谈天气，而天气几乎是全世界都流行的话题。

天气对于人们生活的影响太密切了，天气很好，不妨同声赞美；天气太热，也不妨交流一下彼此的苦恼；如果有什么地震、台风、暴雨或是季节性天气问题的消息，更值得拿出来谈谈，因为那是人人都关心的。

当然，亲切有礼、言辞得体是最重要的，然而做到这一点，也不能说就一定会收到良好的效果。因此，平时除了最关心、最感兴趣的话题之外，你要多储备一些和别人“闲谈”的资料。这些资料往往应该是轻松、有趣，容易引起别人注意的。

先给对方“安全感”，他才可能深入交谈

与见面第一句来点“废话”同理，先给对方一点“安全感”，他才可能与你深入交谈。

如果开门见山地提正事，会让对方不自觉地进入一种“防卫机制”。用几句“废话”开场，则可以让对方慢慢放松防卫心理，渐渐敞开心扉。实际操作中，了解人的这种心理特点，因势利导，就容易使人坦露其内心世界。

某杂志举办一场商业峰会，会议刚一开始，主持人先叙述要点，然后说：“我前面讲的几点，是本次会议的中心，围绕这几点，大家可展开自由讨论。”这样一来，会场气氛松弛了不少，企业家们便天南地北、海阔天空地讲开了。

在这次峰会中，许多企业家都一改他们在其他正式场合上的套话与陈词滥调，对形势和政策发表了精辟的见解，可谓激扬文字、指点江山。本期杂志也因此而热销。

可见，人在轻松、随意的气氛中，容易表现出真正的自我。

在一些比较正式、讲究的场合中，人们都不免有某种程度的拘束感，在这种拘束感的作用下，举止、表情就有些装模作样，一旦转换到非正式的场面中，又会变得轻松自然起来。

有位著名摄影大师指出，为拍好孩子的照片，捕捉其天真烂漫的丰富表情，拍摄应选在孩子心理放松、自然的状态下进行。面对“一本正经”地摆好姿态准备照相的孩子，他必定先说：“好，拍完了！”等孩子紧张的心理状态变得轻松，去掉表演式笑容的一刹那，他按下快门。此时摄拍的照片，就充分表现出儿童那种天使般纯真、充分自由的内心世界。正因为他善于准确及时地掌握儿童的心理，才能在摄影方面获得如此高的成就。

从正式的场合突然转到非正式场合，人们就会如释重负，自由感油然而生，我们如果运用某种技巧，将人类的这种心理变化加以适当调动，那么，我们就能够轻而易举地听到他人的心里话。

有一位国外的税务官介绍，要对付那些顽固不化的偷税漏税公司，最好的办法是先约请其经营主管出席会议。当然，在这种会谈中，要听取逃税者的真心话是不可能的，他们只会闭口不言，守口如瓶。然而，等到谈话结束之后，将其经营主管请至自己家中，一边喝茶，一边亲切交谈，当你以泰然自若的态度说："贵公司那几幅临摹某某画家的画，确实惟妙惟肖，非常逼真。"这时，这位经营主管就随意回答说："坦白地对你说，这些是真正的货真价实的名画，并非仿制，因此价格昂贵。"在这种气氛中，这位主管不知不觉中就轻易地透露了偷税的重要证据。

003｜打圆场的接话技术

接话巧妙的另一个表现，就是善于为人打圆场、铺台阶。尽管贴金抹粉人人乐为，可令人鄙夷之事，相信没有人愿意让别人传扬。如果在交际中，注意为人化解尴尬、遮盖羞处、瞒住隐私，别人便会对你感激不尽，也会时时记得还你一份情。

如何为人"打圆场"

张三在一个建筑设计师事务所工作，大学毕业后，很快便取得了一级建造师的资格，是一个有才干的人。

某日，张三和两位上司到客户那里洽谈项目，对方除负责此事的一位董事外，还有两位部长出席。当天是第一次见面，目的在于摸清客户的意向。

双方在会客室站着交换名片。这时，张三的名片夹里有一样东西掉在桌上。突然，张三发出一声“啊”，一副狼狈的样子，其他的人也屏息噤声。掉在桌子上的东西，原来竟是个痔疮栓！

张三慌慌张张地捡起来，然后战战兢兢地偷看着对方董事的脸色。

“哈哈，没看到，没看到。”对方面带微笑地说。事后的商讨就在笑声和亲密感中完成了。

这种胡话尽管没谁会相信，可在当时的情形下，却起到了好的作用。为了照顾别人的名声和面子，说几句善意的谎言，又有什么大不了的呢？

在社交中，谁也不可能预料和掌控一切。例如，也许你没想到和你打交道的人是与你有过结的人或者是你竞争对手的朋友，也许你没想到对方虽是四川人却不太喜欢川菜，也许突然说错了话，等等。这些都会让人有些尴尬。这时候，原来所准备应付的情况全变了，一时免不了有些失态。这种场合下的化解尴尬是非常必要的。

一个人化解尴尬的能力当然是以人生经验为基础的，经过多次实践，就会变得老练精明。与此同时，应变能力也反映着一个人的机智和修养。只有处世功底深厚的人才有可能在情况突然发生变化时化险为夷，化拙为巧，使自己摆脱尴尬境地，并在交际中取得良好的效果。

善于打圆场者，通常能做到以下几点。

第一，无论出现什么情况，都能保持高度的冷静，使自己不失态。例如在一次商务谈判中，对方在谈到价格时突然说出了你们的一个秘密，说你给某公司的价格很低，而给他们过高，这实在是太欺负人，等等。贸易伙伴这样直言不讳，是很伤面子的。如果你不冷静，情绪过分紧张或者激动，很可能应付不了这个局面。接下来或者承认事实，或者愤怒争辩，拼命否认，很可能当时就会不欢而散。但是，你如果很冷静，可能会很快找出理由，比如价格低但是不保证退换维修，某些零部件没有运用新材料新技术，或者在付款形式、供货期限、质量保险等方面有所不同。反正你总能找出合适的理由来挽救局面，为自己的行为找到体面的说法。

第二，在任何情况下，都能够“打圆场”，淡化和消解矛盾，给自己和对方找台阶，使气氛由紧张变为轻松，由尴尬转为自然。在很多时候替别人解围比为自己掩饰更重要，一方面表示自己对对方的理解和尊重，另一方面也给自己留下了余地。

第三，能巧妙地转移话题和分散别人的注意力。有些人说错了话或者做错了什么事，除了能迅速承认错误之外，还能巧妙地转移话题，把别人的注意力吸引到其他方面。比如用幽默或玩笑的方式转移目标，把关于某人的事扯到其他事情上面，把令人紧张的话题变成轻松的玩笑等。

拒绝的“缓冲垫”

你是否有过这样的体会，一个人在提出自己的意见后，一旦遭到全盘否定，其自尊心往往会使他采取顽固坚持的方法。这种心理反应会极大地阻碍谈判的顺利进行，因此不论在什么情况下，都应当尽力避免上述现象的发生。

相反，一个人在提出自己的意见后，一旦受到某种程度的肯定和重视，人的自尊心理会引导心理活动形成一种兴奋优势，这种兴奋优势会给人带来情感上的亲切体验和理智上的满足体验。这种体验一旦出现，就会有利于纠纷的调解，使争执双方的意见达成一致。

根据上述理论，在拒绝对手时，先说“是的”，表示同情和理解，创造一种较为融洽的沟通氛围。在缩短双方的心理距离后，再讲“但是”。由于你对对方的某些看法大加赞赏，对方会自动停止自己的讲话，他含着笑、点着头，专心地欣赏你对他观点的肯定和发挥。这时，在他眼里，你是与他站在一起的，对立已经不存在了。尽管你也在赞扬的意见里表达了不同意见，那也会变得“好商量”。

《权力营销如何使我在6小时内成功》一书的作者皮尔斯·布鲁克博士曾列出两种“是的……但是……”拒绝方法的参考句型：

“是的，我能理解为什么事情会那样，但是……”

“是的，你在那件事上的做法当然是正确的，但是，另外一方面……”

这些基本句型可以有许多变化，如可以说：“总的来说，您的看法是对的，如果……”

“你没错，你完全有理由这样说，假使我站在你的位置上，我也会这样说，但……”

“对你的看法我也有同感，问题在于……”

掌握了这些拒绝的缓冲技术，拒绝就不再难以启齿，拒绝的效果如同接受的效果——依然是心平气和。

我们该如何说“不”

在成年人的世界，没有明确的回应就是拒绝。

直接说“不”就难免会“伤害”对方。如果把“不”字说得听上去就像“是”字一样悦耳，这就是一门艺术，也是一种技术。

为赢得他人的好感，很多人害怕说“不”——我们总是尽量避免拒绝别人、否定别人、批评别人。即便如此，有些时候，我们还是不得不说出“不”。委婉地说“不”，口应心不允，既是一种暗示语，也是我们换位思考、理解别人婉拒的途径。

一是用安抚说“不”。

你辛辛苦苦做了一个方案，甲方不满意，但又不想浇灭你的工作热情，往往先给你一定的安抚，再给你一个委婉的回绝。比如：“这个方案很好，但是还要看我们老总的意见。”

当别人送礼品给你，而你又不能接受，可以以这样的方式客气地回绝：一是说客气话；二是表示受宠若惊，不敢领受；三是强调对方留着它会有更多的用途。

二是用拖延表示“不”。

你向老板提交了一份申请，老板不便当场拒绝，往往会说：“先放一放，我认真考虑一下再说。”这句话的潜台词其实就是“我不同意这个申请”，你若识相，就不宜再提这件事了。

一位同事想约你出去跳舞，在电话里问你：“今天晚上八点钟去跳舞，好吗？”

你可以回答：“明天再约吧，到时候我给你打电话。”

你的同事约你星期天去钓鱼，你不想去，可以这样回答：“其实我是个钓鱼迷，可自从成了家，星期天就被妻子孩子没收啦！”

三是用沉默表示“不”。

当别人问：“你喜欢周杰伦吗？”你心里并不喜欢，这时，可以不表态，或者一笑置之，别人即会明白。

一位不太熟识的同事送来请帖，邀请你参加聚会，你若不想去，可以不予回复，它本身就说明你不愿参加这样的活动。

四是用推脱表示“不”。

一位客人请求你替他换个房间，你可以说：“对不起，这得由值班经理决定，他现在不在。”

有人想找你谈一件事，你不想谈，可以看看手表说：“对不起，我还要参加一个会，改天行吗？”

五是用回避表示“不”。

同事请你去看了一部好评率不高的科幻片，走出影院后，同事问：“你觉得这部片子怎么样？”你可以回答：“我更喜欢抒情一点的电影。”

你正在发烧，但不想告诉朋友，以免引起对方担心。同事关心地说：“你量量体温吧？”你可以说：“不要紧，可能就是天气太热了。”

六是用反诘表示“不”。

你和别人一起谈论时事，当对方问：“你是否认为物价增长有些快？”

你可以回答：“那么你认为增长得太慢了吗？”

第五章

人际交往中的聊天技巧

本章从自我介绍、聊天方式、不冷场的技巧以及电话沟通等方面，介绍一些沟通技巧，帮助我们在同事、领导、客户面前树立良好形象，拉近彼此的关系。

001 | 多准备几个自我介绍，应对不同场合

自我介绍一般都用在首次见面时，让你快速得到他人的欣赏和了解，因此它的应用场景非常多，比如应聘求职、拓展客户，以及在社交场合中面对不相识的人，或者在招商展会上打算进入陌生人组成的交际圈时，都会用到自我介绍。劳伦斯曾经说过：“第一印象和最后印象非常重要，人倾向于根据第一印象对人下结论。”所以，针对不同的场合，我们需要多准备几个自我介绍，从而能够从容不迫地应对众多场合。

正规隆重的场合

一般来说，像讲座、报告、仪式、庆典等这些正规隆重的场合，我们的自我介绍要有一定的仪式感，能够符合场合的特殊需要。因此，在我们的自我介绍中除了必要的姓名、单位职务之外，还需要根据场合的要求，加入一些谦辞敬语，从而营造谦和有礼的社交气氛。而在进行自我介绍时，还要注意相应的语气、语速，以及适合的情感。有些场合需要介绍自己的能力特长等，就需要做到既不自

吹自擂，夸大其词；也不要过分内敛，贬低自己，只要实事求是地说明自己的情况即可。

举个例子："大家好，我叫 ×××，是来自西安分公司的一名营销员，在这次笔试中获得了第一名的成绩，感谢各位领导给我这次展示的机会。"

所谓特征，就是别人对你的记忆点，让别人听到就能对你加深印象。特征并不一定要与众不同，更多的是要贴合场景，根据场景来寻找自己的特征。如果在较为严肃的会议上介绍自己爱好唱歌，那肯定是不合时宜的，对于这种会议来说，唱歌并不是一项特征，说了等于白说。但如果你这样说，"大家好，我是 ×××，是来自西安分公司的一名营销员，是本次会议讨论材料的整理者之一"，那么接下来大家就会对你的发言更加关注。

而针对特殊场合的自我介绍，不同场合有不同的偏重，我们在上文已经有了详细介绍，在此就不做赘述了。

一般社交场合

这种场合比较随意，可能在旅途中、宴会厅，也可能是通过电话沟通等，与对方可能属于泛泛之交，但出于礼仪和流程需要，必要时也会做一些自我介绍。这类自我介绍的要求以简洁为主，需要根据对方身份，来确定自我介绍的重点。

如果对方是重要客户或公司高层领导，或者是知名专家，可以在自我介绍后面加上一些恭维话。恭维的话能够表现出你的崇拜，让对方了解到你很早之前就已经关注他了。在潜台词中也告诉他：你很重视这次见面，从而加深对方印象。值得注意的一点是，恭维的内容需要真实且具有时效性，不能信口开河。

介绍自己姓名的好方法

一是名字后面加上共同点。共同点是记忆一个人最快速的方法，同时也能和对方拉近关系，提高亲密度。而且一旦你们有了共同点，那么接下来就会有话题。

如果是“一对多”的自我介绍，首先要克服自己的紧张心理，要落落大方、态度和善、举止得体，说话时口齿清晰、声音不大不小即可。

二是古诗法。借用几句大家都比较熟悉的古诗将名字引出来，方便听众记忆。如果借用古诗来介绍秦峰的话，可以说“大家好，我叫秦峰，秦峰望东海，云气常飘飘”，这就是我的名字。

三是拆字法。将自己的姓或名的笔画或者偏旁拆开，形成新的字，介绍给大家，方便大家记忆。拆字法主要用于名字中有生僻字、不常见的字，方便对方理解记忆。例如，我有一个朋友名字叫李婳，她在自我介绍的时候经常这样说："大家好，我叫李婳，'婳'字是由女字旁和年画的'画'组成，我出生的时候，爷爷说这个小娃子长得好像年画里的胖娃娃，所以就起名叫李婳。"

四是谐音法。将自己的名字和生活场景结合在一起，凸显出自己的特点。比如，刘学在做自我介绍的时候就会说："大家好，我叫刘学，恰好我在德国留学了三年。"也可以说："大家好，我叫刘学，流血流汗不流泪的刘学。"

其实介绍名字的方式并不固定，我们也可以采用诙谐幽默的方式介绍自己，例如有一位同事叫李霜，常见的古诗中并没有与"李霜"相关的内容，那么我们就可以结合谐音法来给大家介绍。例如，"大家好，我是李霜，就是李白那首'床前明月光，李（疑）是地上霜'的李霜"。这样介绍，听众在思索的过程中就把我们的名字记住了。

介绍名字时，只需要一两句话即可，不要滔滔不绝地讲个没玩，铺垫太多，反而不利于听者的记忆。

002｜敞开胸怀的聊天方式

生活中总有一类人，可能他们平时沉默寡言、不善言谈，和别人聊天时，总能让别人滔滔不绝地说个不停，偶尔插几句话就能让别人开怀大笑。但有的人却是名副其实的“聊天终结者”，一开口就能把天聊“死”，导致大家都不喜欢和他讲话，而他也对沟通充满恐惧，刻意控制自己的言谈，不敢和同事、领导聊天，导致错过了很多机会。下面介绍几种常见的聊天方法，能够让你逐渐摆脱不会聊、不敢聊的尴尬情况，从而回归到高情商沟通的状态。

将话题引导到对方身上

每个人都喜欢谈论自己，在闲聊时，如果你对对方的成就、荣誉、故事等表现出浓厚的兴趣，稍加引导，对方就能很自豪地对你“侃侃而谈”，那么聊天就会很容易进行下去。

但在引导时，不要开门见山地直奔主题，还是要设计一定的缓冲空间，给自己找个合适的理由。在选择与对方相关的话题时，也有要保证真实性和正向性。

例如，你昨天看到王经理在朋友圈分享了他家小孩跳芭蕾的视频，看她灵动的舞姿显然已经有所小成。然后你今天碰到王经理的时候，在寒暄之后，可以说：“对了，王经理，我昨天才知道您家小孩在学芭蕾舞，学得怎么样了？听说这个挺难学的。”

这时候，王经理可能会谦虚地摆摆手，说：“还行吧，学得马马虎虎，主要是她自己喜欢，也不看重她能学成什么样子。”虽然王经理口中全是满不在乎，但话里话外都是对他女儿的夸赞，而我们也可以乘胜追击：“兴趣是最好的老师，这么小就跳得这么好，将来肯定能成为舞蹈家。”而此时你们交流的气氛也会变得活跃轻松起来。

我们在讨论对方自身成就时，要注意分寸，不要去打听对方的隐私。另外，有些人在聊天时会滔滔不绝地讲述自己不幸的生活，而我们作为旁观者，也无法给对方任何实质性帮助，那么不妨岔开话题，说一些让他感兴趣的话题。

要给予热烈肯定的回应

想要让聊天进行下去，那么在聊天中你就需要及时回应对方说的话，确保对方能够接受你的回应。如果对方兴致勃勃地讲了一堆话，而你却自顾自地玩手机或者忙别的事情，对方就会感觉被冷落了，那么聊天也会很快终止。当对方感受到你正在认真听他说话，思考他的讲话内容时，他就会把你视为很重要的朋友。即便对方说的内容你并不了解，但依然能够给予有效的回应。

例如，同事走过来问你：“你近期去看 ×× 电影了吗？简直太精彩了。尤其是最后那一场打戏，可以算得上是近几年最激烈的场景。”

你可能还没来得及看那部电影，但这并不妨碍你跟同事一起聊天，不谈剧情也可以向其他方向延伸。

“哇，真的吗？那我今天晚上一定去电影院看一下，我听说那个演员好像是习武出身，特别擅长这种电影。”

“对，我之前也看过他好几部影片，都挺好看的。”

在上述对话中，你已明确说明没有看过这场电影，那么同事也不会再将话题引到电影中，而是跟着你的话题延伸到演员身上。如果你直接回答“我没看过”，那么聊天可能就会戛然而止，对方就会觉得你是有意排斥聊天。如果你假装看过，和她讨论剧情，那么可能几句话就露馅了。

聊一些开放式问题

一般来说，想要让谈话进行下去，就不要提封闭性问题，多问一些开放式问题。开放性问题所需要的答案并不是“是”或者“否”，也不是一问一答式对话，而是提出一个能够与对方详细讨论的话题。比如说，“你是南方人，在北方生活有什么不适应吗”“昨天那场电影怎么样”，而如果问题换成“你是哪里人”或“昨天你去看电影了吗”，那对方只需要一句简单的回答就能完成对话。

所以，当你提出开放性问题后，对方不会单纯地回复你“是”或者“不是”，一定会说一些自己的想法和理解，然后你就可以根据他的回答把沟通延续下去。

引导对方继续说下去

有一种很好的聊天技巧，就是看着对方的眼睛，不断点头，适时说“然后呢”“后面呢？后面怎么样了”，这种沟通方式能够鼓励对方继续说下去，让对方一直谈论自己感兴趣的话题。

另外，在一些特定的聊天情境中，你可以用向对方请教问题的方式使聊天进行下去。如果同事说他刚刚抢到了一个非常划算的优惠券，那么你可以向他请教是如何抢到的。如果同事说他用了一个很简便的方法，就完成了一项很麻烦的重复性工作，你也可以问问他是怎么做到的。

关心式开场

“我看你今天气色不太好，是感冒了吗？”“昨天加班挺晚的吧？”这一类关切的话语很容易打开对方的心扉，从而开启一次成功的聊天，这是我们平时聊天中最常见的打动对方的方式。良言一句暖三冬，你一句关心的话，首先就会拉近了你们之间的关系，然后你再根据他的回答，进一步把交流引向深入。

使用这种开场方式需要注意一点，你要确定他的确和之前的状态不一样。你知道他的实际情况，并且他现在表现出来的状态符合你所了解的情况。比如，当你知道他昨天加班到很晚的时候，你就可以关心他的休息情况；而如果他脸色红润，心情也非常不错，你就不能用“气色不佳”作为聊天的开始。

以上聊天方式，总结起来就是先观察、后说话，我们先搞清楚现场的情况和气氛，揣摩出对方的状态和态度，然后再选择合适的话题延续聊天。而那些被称为“聊天终结者”的人，往往缺乏这一环节，想到什么说什么，完全不过脑子，从而造成了很多尴尬场面。如果一个人正在神采飞扬地说话，你突然插过去问：“我看你最近状态不好，是不是感冒了？”那么对方一定会愣住，不知道你葫芦里面到底卖的什么药。所以，不要让“嘴”快过“脑”，只有先了解情境之后，再开口讲话。

003 | 不冷场的技巧

冷场，几乎是每个职场人都遇到过的尴尬问题。原本热烈讨论的场面，可能因为一句话而陷入尴尬，或者是两个不太熟的人因为缺少话题而不知道怎么开口。

尤其是刚刚进入一家公司的职场人，都想快速和同事拉近关系。他们可能刚刚从校园出来，就进入职场，还没有脱离学生思维，对于人际交往的规则了解不多，加上经验欠缺，摸不透领导和同事的秉性。所以，面对一些没有经历过的场面，甚至是同事、领导无意为之的刁难和考验时就会手足无措，词不达意，从而导致谈话以尴尬收场。如何避免冷场，以及遇到冷场之后如何处理，这是一个职场人必备的技能。

沉默不能解决冷场

很多人一遇到冷场，就低下头沉默不语，这是不对的。如果因为你的问题而冷场，那么接下来大多数人都会等着你来开口解答，这时候你闭口不语，只会让场面更尴尬。而如果因为其他人的话语冷场，即便与你无关，但你作为聊天的参与者，也可以适时开口给对方找一个台阶，从而让沟通继续下去。

适时转移话题

转移话题是面对冷场时比较管用且常用的一种方法，很多冷场都可能是因为一个不合时宜的举动或者某句话让气氛变得尴尬，只要让大家从这种尴尬情境中跳出来，冷场的问题自然而然就解决了。

如果大家是因为意见不合或者一方在语言上冒犯了另一方而造成了冷场，你可以找一个大家意见统一的话题，再一起讨论，就可以消除之前的不愉快。在新话题上保持一致，更容易促进双方之间的交流，让陷入僵局的气氛慢慢升温。如果是因为大家不太熟悉，没有太多的共同话题，相互之间的对话难以进行下去，你就可以找一个同龄人或同行业比较关心的话题，进行一场友好的讨论。

比如，你和同事们正在聊天，突然另外一个同事插嘴说："小张，我昨天晚上 11 点路过单位，看到你还在加班呢，真是太敬业了。"但他不知道的是，昨天小张被领导当着所有人的面痛批了一顿，并告诉他写不完项目计划书就不能下班，所以才有了加班到晚上 11 点的情况。

被人当众戳中痛点，小张当然不乐意了，而其他知道内情的同事也都不好开口解释。这时候如果你在现场，那么你就可以转移话题："我说老陈，都 11 点了还往公司跑，是不是被老婆赶出来了？"此话一出，此前紧张的气氛一下子就变得轻松了，而小张也能摆脱尴尬的境地。

当自己不小心说了一个不合时宜的话题时，要及时补救，避免引起不必要的误会。比如，之前看到过一件事：两个人正在公司的会客室闲聊，一个人说某位同事新买的衣服不好看，碰巧这个同事从门外走进会客室，听到这句话以后脸色瞬间就变了。这可以说是非常尴尬的。这时刚才说话的那个人脑筋一转，就说："这件衣服真的不好看，颜色太暗了，不如你昨天那件酒红色的衣服好看，能衬托出你充满热情的个性，而且这件衣服松松垮垮的，遮住了你的身材曲线。但即使你穿这样的衣服，也比我们这种普通人的颜值高出一大截，真气人。”

听到对方这么说，那位同事也不好说什么，而且后面人家恭维自己的话对于每个女人都很受用。这个即将冷场的聊天场景再一次“活”了过来，可能那位被“议论”的同事也会加入聊天，让大家保持愉快的工作心情。

当然，在背后议论人是很不礼貌的行为，即便你没有提起话题，甚至没有参与谈论，但只要你在场就不可避免地受到“牵连”。所以，如果遭遇类似的冷场，那么也可以通过类似方法来救场，尽量消除误会。

适当示弱，学会自嘲

当因为你的原因而造成冷场的时候，可以适当反思自己，说出自己不对的地方，有时候逞一时之勇是没有意义的，太过于强硬或刁钻，无论是同事还是领导都会认为你不好相处。这种情况下，不妨用示弱的方式来化解场面的尴尬。比如，在开会的时候，因为你提出了一个比较另类且尖锐的问题，让在场所有的人都不知道怎么回应，导致场面异常尴尬。这时候你就要迅速地反应过来，表达自己的歉意，说自己的提问可能有些欠考虑了，努力让氛围回到之前的状态。

你也可以找一个相近的观点来转移话题。“可能我的语言表达有点混乱，其实我的想法跟 ××× 是一样的，都是想说……”这样就可以向同事之前提出过的想法靠拢。

很多人认为，在会议上一定要彰显自己的能力，总是提一些尖锐而偏激的问题，从而凸显自己的思考能力，其实这种想法是非常错误的。很多时候，我们身处的位置、角度会带给我们一定的局限性和错误的判断，从而衍生出比较片面的想法。所以，一旦发现我们的观点或者想法得不到大多数人的认可，那么就要反思一下自己考虑问题的方式是否欠妥。

用幽默来对抗沉默

当我们面对刁钻的问题而陷入尴尬时，可以用幽默来实现大事化小，然后再用其他话题来转移别人的注意力。

在我们的日常交流中，其实有很多禁忌和不能谈论的话题，但总有一些人会有意无意地提及，让场面尴尬。例如，很多女士不喜欢被问年龄、体重等隐私问题，如果这时候有人故意询问你或者在场其他女士类似的问题，那么我们可以回答：“天机不可泄露，这几个数字比公司的商业机密还要重要，所以只能无可奉告。”这样开玩笑的回应，既不会太尖锐，也可以幽默地避开自己不愿意回答的问题。

004｜职场中微信沟通的小技巧

微信是我们最常用的即时通信软件之一。微信不同于当面聊天，它里面包含的各种社交功能，能够帮助我们提高网络沟通的效率。但微信沟通中也有很多不成文的规矩，如果细节方面没处理好的话，就容易给对方留下不好的印象。

随着微信的广泛使用，很多人都会把微信的语音通话当成电话来使用，但很多人并不习惯这种沟通方式，所以在拨打微信电话时要提前沟通，确保对方此时方便接听。而在微信语音通话沟通时，也同正常的电话交流是一样的，需要注意一些细节方面。

设计好微信形象

微信也是我们的对外名片之一，对于职场人而言不能太追求个性和独特。

微信头像很重要，无论是加好友还是发起聊天，对方首先看到的就是我们的头像，所以在头像选择上，要选用一些正能量的图片，不要带有阴暗色彩。微信名尽量不要使用生僻字、表情符号之类的，很多人不喜欢修改备注名称，如果给你安排工作却找不到人，微信就失去了便捷沟通的价值。

很多人喜欢发朋友圈，不管好事坏事都要在朋友圈里记录一番。但职场人的朋友圈要遵守一些要求，很多内容都要少发、慎发。

发朋友圈的频率不要太高，非工作类的内容尽量不要在工作时间内发，容易给别人留下工作不尽心的印象。不发涉及公司机密的内容，很多人可能是为了炫耀，将自己涉密的工作内容拍照发到朋友圈，被人发现后，轻者被领导批评，严重者还要承担法律责任。

不要在朋友圈里抱怨工作，如果工作出现问题，那么直接找领导反馈；如果领导发现你在朋友圈经常抱怨，充满负能量，那么就会给领导留下不好的印象。

多打字少发语音

自从微信推出语音聊天功能之后，很多人觉得既解放了双手，又节省了时间，聊天沟通更方便了，但也给其他人添了不少麻烦。很多人喜欢用语音来回复消息，一次发好几段，每段都三四十秒，而对方听起来非常麻烦，常常听着后面，就忘了前面说了什么；而且有些人普通话不太标准，带着浓重的地方口音，让文字识别也很困难，甚至还会弄出误会。

而文字回复的话，就能有效规避这些问题。你能够条理清晰地将整件事情叙述完整、清楚，对方看起来一目了然。而且，在文字回复上你可以斟酌你的用词，确保言简意赅。尤其是，在和领导微信沟通时，能用文字就用文字。

表情、标点、语气词的使用方法

不同于当面沟通，微信沟通有很多功能能够方便我们聊天，比如一些表情、符号都能很好地提升聊天效率，而且现在表情包越来越多，能够表达的内容也是多种多样，很多人喜欢用表情包来表达自己的想法，虽然看起来方便，但有些时候也需要多加注意。

搞怪类的表情包不要发给领导，一是领导年纪比较大，可能不太清楚其含义，二是使用一些比较新潮的表情包会显得你不够稳重，毛毛躁躁。在回复领导时，如果我们觉得纯文字略显单调的话，那么可以加一些表情，最好选用微信自带的表情，例如“握手”“感谢”“收到”这一类。值得注意的是，在微信自带表情包中，一定不要用“微笑”的表情。同级也不能用，你给同事发一个“微笑”的表情，他可能会认为你在嘲讽他。而上下级沟通时，领导可以给你发，但你不能给领导发。

语气词和标点可以在一定程度上表达我们现在的心情。比如，领导交代任务之后，直接回答“嗯”“好”“行”就会让人觉得有些勉强；如果我们回答“好的”“没问题”，那么在领导看来，我们是很乐意做这项工作的。

标点符号，尤其是省略号，可以表示遗憾、歉意，比如说当我们因为种种原因没有完成工作，那么我们可以发微信："工作没有完成……"然后你再说明理由或其他内容，在领导看来你心有余而力不足。但如果你只发："工作没有完成。"那么在领导看来，你好像是在告知他，并没有对这项工作上心，也没有因此而心怀愧疚。

005 | 同事聚会的注意事项

要想保持好融洽的同事关系，同事之间的聚会是必不可少的，不同于有领导或客户在场的宴请，同事之间的聚会会稍微随意一点，而且级别相差不多，会有很多共同语言。不过，聚会毕竟是聚会，无论是你请同事吃饭，还是同事请你吃饭，都不应当率性而为，即便是畅所欲言，也不能随心所欲，不然会影响你们之间的同事关系。

同事聚会上不要做的事情

同事聚会很常见，无论是所有同事的团建，还是三五个同事一起小酌，都是我们拉近同事关系的好时机，但太过于随意的行为反而会让同事产生不适感。因此，参加同事聚会时，有些事情做不得。

不要带朋友参加同事聚会。无论同事请你吃饭是什么原因，一声招呼不打就随意带人过去吃饭，是非常不妥的。可能在你看来，带个人过去无非多加一副碗筷，但对于同事来说，就会有占他便宜的嫌疑，他自然不会高兴。对此，有的人会说，我带朋友过去这个事已经跟同事说了，他也同意了，那我是不是就能带了？其实，同事请你吃饭，或者有求于你，或者感谢你，或者单纯联络一下感情。在这种情况下，他大概率不会直接拒绝你的提议，但心里还是会有其他想法。哪怕是你们都认识的人，在组织者没有邀约的情况下，也不能擅自做主。

聚会上不要拉帮结派随意站队。超过三个同事的聚会，就需要在聊天时兼顾所有人，不能厚此薄彼。在聚会上找一些大家都能参与讨论的话题，引导所有人参与进来。即使想和某位同事单独谈论其他的话题，最好也要等到聚会结束之后再找机会讨论。

不要在背后议论别人。在同事聚会上，切记不要去议论其他同事，不管这个同事在不在现场。只要议论别人，势必会牵扯到一些敏感话题，而这些话题都会对别人造成伤害。在背后言论别人，是一种非常不好的社会习惯，会直接影响我们的人际关系和个人形象。另外，无论你有没有参与议论，只要你在场那就脱不了干系。

切记不要喧宾夺主。如果你是组织者，那么你可以做一些主导工作，但不能强迫他人按照你的想法进行；而如果你是客人，那么无论你工作能力多强、人际关系多好，都不要让自己太张扬、太抢眼。

不得其人而言，谓之失言

俗话说："知无不言，言无不尽。"可俗话又说："交浅勿言深。"

你也许以为自己光明磊落，没有藏藏掖掖的必要。你也许以为"逢人只说三分话"的人狡猾、不诚实。实际上，事情的对与错，完全取决于沟通的对方是什么样的人。

如果对方不是可以尽言的人，你说三分真话，已不算少了，连孔夫子也说："不得其人而言，谓之失言。"

如果对方不是交情很深的人，你也想畅所欲言，以图一时之快，对方的反应也许会很奇怪。若你与对方关系尚浅，你却与他深谈，只会显出你没有分析判断能力。

如果你不是他的诤友，就不能与他争论。忠言逆耳，只会显出你的冒昧。

如果你不明白对方的立场如何，对方的主张如何，你偏要高谈阔论，轻言更易招祸啊！

所以，"逢人只说三分话"，不是不可说那七分话，而是保留不必说、不该说的那七分话。

说话有三种限制，一是人，二是时，三是地。非其时，虽得其人，不必说；得其人，得其时，而非其地，也是不必说。非其人，你说三分真话，已是太多。得其人，而非其时，你说三分话，可给他一个暗示，看看的反应如何。得其人，得其时，而非其地，你说三分话，正可以引起他的注意。如有必要，不妨择地长谈，这才是通达世故的人。

同事之间，可以聊柴米油盐，可以聊江湖怪谈，可以聊山海奇经，可以聊稗官野史，也可以聊市井传闻。总而言之，都是有趣却不触及关键的话题，虽然说得头头是道，说得相谈甚欢，说得皆大欢喜，其实是言之无物，无关主题。铺垫到位后的关键时刻，才能拿出真正要紧的话。

图书在版编目（CIP）数据

刻意练习成为讲话高手 / 王鹏编著. -- 北京 ：中华工商联合出版社，2025. 3. -- ISBN 978-7-5158-4204-2

Ⅰ. H019；C912.11

中国国家版本馆CIP数据核字第2025TF4373号

刻意练习成为讲话高手

编　　著：王　鹏
出 品 人：刘　刚
责任编辑：吴建新
封面设计：冬　凡
责任审读：付德华
责任印制：陈德松
出版发行：中华工商联合出版社有限责任公司
印　　刷：三河市华成印务有限公司
版　　次：2025 年 4 月第 1 版
印　　次：2025 年 4 月第 1 次印刷
开　　本：880mm × 1230mm　1/32
字　　数：92千字
印　　张：6
书　　号：ISBN 978-7-5158-4204-2
定　　价：35.00 元

服务热线：010 — 58301130 — 0（前台）
销售热线：010 — 58302977（网店部）
010 — 58302166（门店部）
010 — 58302837（馆配、新媒体部）
010 — 58302813（团购部）
地址邮编：北京市西城区西环广场 A 座
19 — 20 层，100044
投稿热线：010 — 58302907（总编室）
投稿邮箱：1621239583@qq.com

工商联版图书
版权所有　侵权必究

凡本社图书出现印装质量问题，请与印务部联系。
联系电话：010—58302915